ELÉTRON
DO BIG BANG AO MUNDO 4.0

lereprazer

Projeto Gráfico e Diagramação	Copyright © 2019 by
Vanessa Lima	Virgilio Pedro Rigonatti
	Todos os direitos reservados.
	Editora lereprazer
Projeto Gráfico e Diagramação	Rua Benjamim Constant, 80 – sl/61
Vanessa Lima	CEP 01005-000
Capa	São Paulo/SP
Vanessa Lima	SITE: www.lereprazer.com.br
Impressão	e-mail: lereprazer@lereprazer.com.br
Gráfica Rettec	facebook.com/lereprazer

Dados Internacionais de Catalogação na Publicação (CIP)
(Câmara Brasileira do Livro, SP, Brasil)
Cibele Maria Dias - Bibliotecária - CRB-8/9427

Rigonatti, Virgilio Pedro
  Eletron : do Big Bang ao mundo 4.0 / Virgilio Pedro Rigonatti. – São Paulo: Ler e Prazer, 2019.

ISBN: 978-85-94183-06-4

1. Ficção brasileira I. Título

19-31066   CDD-B869.3

Índices para catálogo sistemático:
1. Ficção: Literatura brasileira B869.3

VIRGILIO PEDRO RIGONATTI

ELÉTRON
DO BIG BANG AO MUNDO 4.0

lereprazer

SUMÁRIO

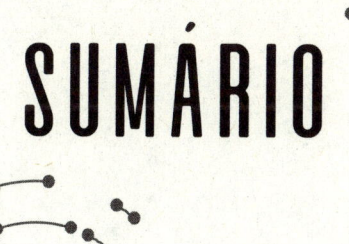

1. O BIG BANG 7
2. LORI 11
3. THE AMERICAN WAY OF LIVE 19
4. O FOGO 25
5. O LAR 31
6. A PRIMEIRA REVOLUÇÃO INDUSTRIAL 35
7. A SEGUNDA REVOLUÇÃO INDUSTRIAL 41
8. OS AMERICANOS 51
9. O REPRESENTANTE 65
10. O DONO DA QUITANDA COMPROU O SUPERMERCADO ... 79
11. OS PLANOS ECONÔMICOS 89
12. O EXECUTIVO 101
13. A INDUSTRIALIZAÇÃO NO BRASIL 109
14. OS PIONEIROS 117
15. A EUROPA PÓS SEGUNDA GUERRA MUNDIAL 149
16. O JAPÃO E OS TIGRES ASIÁTICOS 153
17. AMAZÔNIA, PATRIMÔNIO BRASILEIRO 159
18. O POLO INDUSTRIAL DE MANAUS 165
19. A TERCEIRA REVOLUÇÃO INDUSTRIAL 169
20. A GLOBALIZAÇÃO 173
21. A ABERTURA 181
22. CHINA 187
23. ELETROS 195
24. MUNDO 4.0 207

O BIG BANG

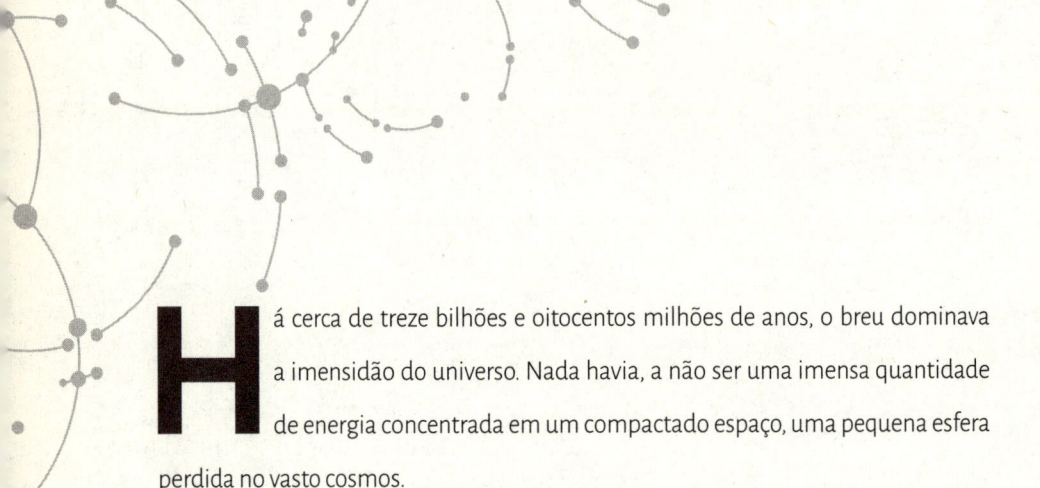

Há cerca de treze bilhões e oitocentos milhões de anos, o breu dominava a imensidão do universo. Nada havia, a não ser uma imensa quantidade de energia concentrada em um compactado espaço, uma pequena esfera perdida no vasto cosmos.

Esse enorme acúmulo de energia compactava-se de tal forma que, no limite, provocou uma enorme explosão. Esta é a teoria científica, batizada de "Big Bang", que explica a formação e o início de todas as matérias e corpos que ocupam o espaço sideral: as galáxias, sóis, planetas, satélites, cometas... e a vida.

Nos primeiros momentos após a explosão, formou-se uma estrutura básica: o átomo. Composto de duas partículas, próton e nêutron, que se alojam em seu núcleo e que lhe dão a massa, e de uma terceira, o elétron, que se movimenta ao redor deste núcleo atraído pela força do próton, é a unidade elementar que compõe toda matéria.

Formaram-se, em seguida, os elementos químicos mais simples: o hidrogênio, cuja molécula é composta de um átomo com um próton e um elétron, e o hélio, com dois prótons e dois elétrons. A partir de então, os átomos foram se combinando de formas mais variadas, formando outros elementos mais complexos, cujo conjunto conhecemos como tabela periódica.

O Big Bang deve ter sido um espetáculo fantástico, se nos fosse possível tê-lo assistido. Na imensa escuridão, a energia liberada foi formando os primeiros átomos, as primeiras moléculas, os primeiros corpos, as correntes elétricas, os campos eletromagnéticos. As ondas eletromagnéticas começaram a se propagar, levando o som da explosão, e ao atingir determinada amplitude e frequência, súbito fez-se a luz, de todos os matizes que compõem o espectro. Matérias incandescentes, de altíssimas temperaturas, expelidas em todas as direções, em incríveis velocidades, irradiando luminosidades fulgurantes de todos os tons e nuances, riscando o céu com brilhos multicoloridos, iniciam uma incrível viagem cósmica, ocupando o espaço sem fim, a qual, mesmo depois de tanto tempo – muito, pelo menos dentro da percepção humana – continua. Das combinações moleculares, cada uma formada pelo arranjo dos átomos, foram sendo criados corpos de diversas naturezas, tamanhos, temperaturas, consistências, que se atraem ou se expelem mutuamente, formando as gigantescas galáxias, compostos por milhares ou milhões de sóis, que aquecem e atraem corpos que giram ao seu redor, como os planetas, luas e outros corpos celestes.

Com uma estrutura tão simples, é admirável o poder dos átomos. Eles são a base de tudo que existe no universo. Graças a eles é que tudo acontece. Companheiros inseparáveis, prótons, no interior do núcleo atômico, e elétrons, gravitando ao redor deste núcleo, são protagonistas de uma dança que gera toda a energia que torna possível o mundo. Os prótons, com carga elétrica positiva, atraem os elétrons, de carga negativa. O átomo mantem-se estável quando o elétron permanece em sua órbita, atraído pelo próton. Eles são inseparáveis no sentido de um não existir sem o outro, porém quando algo perturba a estabilidade do átomo, o elétron se separa da atração do próton e deixa a sua confortável órbita e é atraído por outros prótons de outros átomos. Nessa sua escapada, provoca a eletricidade, liberando energia. Ao seu redor, provoca calor e o campo eletromagnético. Por este campo, transitam ondas eletromagnéticas, que dependendo da frequência e amplitude, conduzem o som e a luz.

Tudo depende da ação dos átomos e da movimentação dos elétrons, atraídos pelos prótons. Mesmo a vida só é possível graças à eletricidade. Nossos corações pulsam enviando a toda parte do corpo o sangue, que transporta o alimento necessário para a manutenção da vida. O pulsar de nossos corações é provocado pela ação de um marca passo natural que a natureza instalou em nosso Átrio direito. Uma pequena descarga elétrica provoca a ação do coração, uma pequena bomba elétrica vital para nossa existência. Da mesma forma, a eletricidade é a responsável pelo funcionamento dos neurônios e das sinapses, que enviam e recebem mensagens para e de toda parte do corpo codificadas, sendo transportadas pelos elétrons através da medula e das ramificações dos nervos que atingem cada parte de nossa estrutura. Todos os nossos cinco sentidos só são possíveis graças aos elétrons: assim, quando falamos, ouvimos, enxergamos, respiramos ou sentimos, estão presentes estas partículas que transmitem ao cérebro as informações provenientes do mundo exterior ou levam, no sentido contrário, as interpretações dos estímulos ou as determinações elaboradas pelo nosso processador central.

A eletricidade é a base do funcionamento do Universo, produzida por uma estrutura e ação espantosamente tão simples, entretanto com arranjos tão complexos, fazendo do átomo o Senhor do Universo e o Elétron, o Agente da Energia que move o mundo.

LORI

— Lori! Lori! Lori! Vamos jogar bola! — gritava a meninada chamando o Lourival em frente de sua casa.

- Você só vai jogar bola depois de terminar de encerar a casa! — disse sua mãe, energicamente, aparecendo na porta entre a sala e a cozinha.

Lori sinalizou para os amigos para aguardarem. Eles já sabiam o porquê.

Com dez anos, era de sua responsabilidade o trabalho de deixar o chão da sala e dos quartos brilhando e limpinho. Era um serviço penoso, demorado e cansativo. Começava esfregando a palha de aço na madeira para remover a cera antiga e eventuais sujeiras. Em seguida, varria o pó formado para fora da casa. Impregnava de cera um pedaço de flanela, passando-o na massa armazenada em uma lata redonda e espalhava por toda a superfície do assoalho, homogeneamente, de tal modo que nenhum espaço ficasse sem ou apresentasse acúmulo do material. Em seguida, depois de se certificar que a cera espalhada estivesse seca, dava o brilho, passando firme, mas suavemente, outra flanela, limpa, no chão, polindo-o.

Caprichava de tal sorte, que o chão parecia um espelho. Lori acostumava-se em executar com perfeição um serviço, mesmo que fosse cansativo e demorado. Contudo, não admirava somente o seu labor, embora primoroso, mas reverenciava a caprichosa obra de seu pai — verdadeiro artesão nos ramos de marcenaria, carpintaria e construção - que, além de ter assentado perfeitamente as tiras de madeira, unindo umas às outras com maestria, sem deixar falhas, tinha, ele próprio, cortado e aparelhado cada friso, escolhendo o melhor tronco de árvore, cortando exatamente na mesma medida cada unidade. Observando o que o pai fizera, aprendia a reconhecer um trabalho de qualidade e bem executado.

Não era só o responsável pelo trabalho de encerar o piso da casa, Lourival tinha que cuidar para que ninguém maculasse a madeira encerada e brilhando. Quando seu pai chegava, advertia-o para tirar a botina. Era a única oportunidade para dar uma ordem ao pai, que obedecia, pois sabia que a determinação vinha da esposa.

Sem entender o porquê, Lourival observava a divisão de trabalho costumeira na sociedade. Seu pai saia para trabalhar, ganhando o sustento da casa nos seus afazeres diários. Era o provedor e mantenedor da família. Sua mãe ficava em casa, com o dever de bem administrá-la, sendo sua obrigação cozinhar, lavar a louça e a roupa, manter a casa limpa e organizada, comprar os mantimentos e cuidar dos filhos. Observava que o mesmo acontecia na casa dos amigos, dos avós e dos tios. Assim era a organização das famílias, costumes milenários enraizados no Brasil bem como nos países de origem dos avós, ucranianos e poloneses. O que diferenciava um pouco sua mãe era o trabalho de costureira, elaborando vestidos para algumas freguesas, reforçando a renda familiar. Entretanto, o serviço era feito em casa, reservando um espaço de tempo no meio de suas atividades domésticas diárias.

Lourival admirava a qualidade do trabalho de seu pai assim como a intensidade de suas atividades, laborando de sol a sol em sua oficina ou nas casas que construía. Tinha o maior respeito por ele e o tinha como um herói. Não era menor o sentimento que nutria pelas atividades de sua mãe. Nem bem clareava o dia, ela já estava na cozinha preparando o café para o marido e os filhos. Colocava os grãos torrados de café em um moedor fixado na mesa da cozinha, moía e, em seguida, recolhia o pó e o colocava em um coador de pano preso em um suporte, depositava água fervida sobre ele, recolhendo o café coado diretamente em um bule, que era colocado, em seguida, sobre a chapa de ferro do fogão à lenha para mantê-lo aquecido. O leite, comprado em uma chácara próxima, ordenhado da vaca na hora, era fervido parte dele, retirando a crosta gordurosa, a nata, que se acumulava na parte superior do líquido fervido, e acrescentava-se água para diluir o riquíssimo alimento para ser misturado ao café. O restante do leite ou era deixado para fazer coalhada ou para assar bolos e pães. A nata, posteriormente, era batida à mão para produzir manteiga. Lourival adorava comer o pão caseiro que a mãe fazia uma vez por semana, lambuzando-o de manteiga e colocando na chapa quente de ferro do fogão para tostar.

Após lavar a louça do café, sua mãe ia para o tanque enfrentar o penoso trabalho de ensaboar, esfregar e enxaguar a roupa suja do dia anterior. Para as roupas mais encardidas, deixava de molho em água dentro de uma tina durante um tempo e batendo, em seguida, em uma tábua inclinada por onde escorria a água proveniente de uma torneira postada na parte superior da madeira. A tábua com o tempo ficava lisa e escorregadia, servindo de escorregador para as crianças. Depois de lavadas as roupas, torcia uma por uma retirando o excesso de água, estendia ou as dependurava para quarar no varal do quintal, fixando com um prendedor de roupa para que não caísse ou voasse. Em seguida erguia o arame com um bambu que servia como pilastra para manter o varal no alto, permitindo que as roupas recebessem o vento e o sol sem arrastar no solo.

Mais tarde, secas as roupas, sua mãe as recolhia colocando-as em um cesto e as levava até uma saleta para outro árduo trabalho: passar roupas. Para a atividade, ela usava um ferro de passar, literalmente um dispositivo deste material, oco por dentro, onde colocava o carvão incandescente formado pela queima da lenha do fogão. Era um instrumento pesado e muito quente, pelo ferro e pelo carvão, exigindo muito esforço e determinação de aguentar o calor, principalmente em dias de temperaturas altas e sem vento, costumeiros no verão. Observava sua mãe passar, dobrar caprichosamente as peças e arrumar no guarda-roupa.

O almoço e a janta eram feitos no fogão de lenha em panelas de ferro resistentes ao intenso calor produzido pela madeira queimando. Em geral, consistiam de ovo caipira, frango que sua mãe comprava nos sítios vizinhos, abatidos por ela, cozinhado e consumido no mesmo dia, ou por carne comprada em açougue próximo. Fazia com frequência carne de porco, que era o único alimento conservado em casa por vários dias. Compravam um leitão gordo, escolhido nas chácaras da região, e mandado para o abatedouro. Toda a gordura do animal, e era abundante, armazenava-se em uma lata de óleo vazia de vinte litros e, no seu interior, submergia-se os pedaços de carnes, para mantê-los sem se deteriorar. A gordura utilizava-se para fazer o arroz e fritar os ovos e as carnes. Pedaços de couro do porco e linguiças de sua carne eram dependuradas em arames acima do fogão, defumando-os e conservando-os. Na hora do preparo das refeições, bastava cortar um pedaço e colocar na panela untada de gordura para fritar ou no feijão, enriquecendo seu sabor.

Saladas e legumes, recolhiam da horta que sua mãe laboriosamente mantinha no quintal. Lourival adorava regar diariamente as plantinhas. Não gostava muito de misturar o esterco na terra para preparar um novo plantio, incomodado pelo cheiro.

Preparavam, também, limonada ou laranjada, espremendo com as mãos as frutas, acrescentando água e açúcar cristal. A água para beber era mantida fresca em uma moringa de cerâmica, acomodada sobre uma mesinha de canto, na cozinha.

Pelo menos uma vez por semana, a mãe de Lourival fazia bolo e pães. Para tanto, batia à mão os ovos e as massas, dando-lhes consistência. Espalhadas em formas, as massas eram colocadas para assar no forno na parte detrás do fogão à lenha.

Lourival ajudava, também, a mãe a lavar toda a louça, mas não gostava do cheiro do sabão de cinzas usado para desengordurar as panelas pesadas de ferro, deixar bem limpos os pratos e xícaras de café esmaltados e arear com palha de aço as vasilhas de alumínio. Após enxutas, as peças eram guardadas em um armário, o guarda-louças. Lori auxiliava na limpeza e na arrumação de outro armário, onde eram guardados os mantimentos, o guarda-comida.

Apesar do rigor de seus pais em manter toda casa limpa, asseada, bem arrumada, não tinham hábito de se banhar todos os dias, só aos sábados. Lavavam o rosto e os pés, mas lavar-se completamente só nos finais de semana, em razão do hábito e pelo trabalho que dava. O banho era em baciões, onde se despejava água quente, utilizando buchas untadas com o sabão de cinza, malcheiroso, esfregando fortemente, principalmente os pés para retirar os cascões de terra e sujeira acumuladas.

Nem bem passava das oito horas da noite, Lourival e seus dois irmãos eram colocados para dormir. Seus pais, também, iam para cama cedo. Precisavam levantar cedo, antes do sol raiar, para darem conta de todas as tarefas. Entretanto, não só por isso, pois não tinham absolutamente mais nada para fazer. O bairro onde moravam, Boqueirão, era afastado e, ao contrário do centro de Curitiba, ainda não possuía eletrificação. A iluminação da casa era por lampiões à querosene ou velas. Sabiam da existência do rádio e notavam em algumas casas, não muitas, na parte central da cidade, as antenas de televisão. Mas, mesmo que tivessem dinheiro para comprar um aparelho de TV, o que não era o caso, pois era um bem muito fora de suas possibilidades, ou adquirir um rádio, mais acessível, seria impossível suas instalações sem a eletricidade.

Encerando o assoalho da casa, Lourival pensava em todas as atividades do pai e da mãe, reconhecendo, apesar da pouca idade, dez anos, que os dois trabalhavam arduamente, cada um de acordo com suas atribuições, para manter a família e a casa. Por isso, não reclamava de ter de cumprir suas obrigações caseiras, enquanto era chamado pelos amigos para uma pelada. Mas não só por admitir o esforço dos pais, mais do que isso era por ter que se submeter ao rigor da mãe e à autoridade paterna, que, bem acima do respeito, temia.

Finda a penosa atividade, depois da inspeção da mãe, recebia a autorização para ir para a rua. Corria ao seu quarto e pegava a bola, cuidadosamente ensebada e guardada. Sempre que terminava de jogar, limpava a bola e passava um pedaço de sebo - gordura de porco - para não deixar o couro e, principalmente, a costura dos gomos ressecarem. De fato, sem o devido cuidado, os barbantes que uniam as tiras de couro da bola de capotão poderiam se romper, deixando exposta a câmara interna de ar, com o risco de ser acertada em algum chute e estourar, perdendo-se irremediavelmente o principal artefato de uma partida de futebol.

Lori, caprichoso, antes de sair para a rua, passava uma flanela na bola para tirar o excesso de sebo.

Na calçada, seus amigos o aguardavam ansiosamente, mas sem outro remédio, visto que ele era o dono da bola, o único que possuía uma: sem ele não tinha jogo. Lourival não era arrogante, mas sabia de sua importância, ou melhor, do valor de ser "o dono da bola", uma lição que carregaria para toda sua vida. Isto lhe dava poder, inclusive, de escolher quem quisesse para seu time. Mas não tinha essa empáfia, gostava de jogar e, para se ter um bom jogo, sabia que era preciso conciliar e harmonizar as forças, sabedoria que marcaria para sempre seu espírito. No jogo, não gostava de perder, com espírito determinado, batalhava sempre para ganhar, mesmo que a disputa não valesse nada, apenas diversão, entretanto sempre com lisura e dentro das regras. Outra qualidade que o marcaria futuramente em sua profissão.

THE AMERICAN WAY OF LIFE

O dia 24 de julho de 1959 entrou para a história mundial como a data do memorável "Debate da Cozinha" entre o Vice-Presidente dos Estados Unidos, Richard Nixon, e o Premier e Todo-Poderoso Nikita Kruchev, da União das Repúblicas Socialistas Soviéticas.

Abria-se em Moscou, capital da União Soviética, a Exposição Nacional Norte-Americana no Parque Sokolniki, como parte de um acordo entre as duas grandes potências para um intercâmbio cultural, com exposições de produtos e serviços de cada nação. Nos Estados Unidos tinha acontecido no mês anterior, em Nova York, a exposição soviética.

Após a II Guerra Mundial, terminada em 1945, com o debacle das potências europeias exauridas pelo esforço de guerra, Estados Unidos e Rússia emergiram como os dois Impérios dominantes em todo o planeta. Unidos para combater Hitler, inimigo comum, juntamente com Inglaterra e França, terminaram o confronto como inimigos declarados. A Rússia conquistou os territórios de Leste da Europa até parte da Alemanha, estendendo uma linha de defesa através dos territórios subjugados que ia do Báltico aos Balcãs, constituindo o que Churchill, líder inglês, denominou de "Cortina de Ferro". Os americanos passaram a liderar a Europa Ocidental, investindo na recuperação econômica dos países e das empresas, posicionando suas bases militares em pontos estratégicos, constituindo um guarda-chuva protetor contra uma possível invasão soviética.

Desde que a humanidade se organizou, os povos formados procuravam conquistar o território dos vizinhos através de conflitos. Os confrontos eram isolados. A partir de Napoleão, no começo do século XIX, que pretendia conquistar toda a Europa, a guerra passou a ser continental, entre um conjunto de países europeus, que, ameaçados pelo desejo de conquista do Imperador Francês, se uniram para combater a França e seus aliados.

Na Primeira e Segunda Guerras Mundiais, o confronto se estendeu para todos os continentes, tornando-se planetária.

No segundo conflito generalizado, formaram-se dois blocos: a dos Aliados, liderados pelos Estados Unidos, Rússia, Inglaterra e França, e dos países do Eixo, tendo à frente Alemanha, Italia e Japão.

Já no final da II Guerra, derrotados os inimigos comuns, os americanos e russos começaram a disputar cada palmo de território ao redor do mundo. O acirramento entre as partes já eram marcantes antes mesmo de massacrarem o estado alemão, pondo fim ao conflito. Tanto que muitos generais americanos propunham uma invasão ao território russo, uma vez que estavam mobilizados, com a indústria bélica a todo vapor, seus exércitos reunidos na vizinhança do território inimigo e, suprema superioridade, já possuíam a bomba atômica, experimentada com sucesso no território japonês.

Cansados de guerra, os aliados europeus foram contra e parte do comando militar e líderes políticos americanos impediram a aventura.

Uma vez conquistado o segredo da fabricação de armas atômicas, os soviéticos começaram a disputar com os americanos a criação e aperfeiçoamento de tecnologias não só para a indústria bélica e para a expansão de conquistas, bem como para a vida prática.

Os modelos de desenvolvimento de um e de outro eram radicalmente diferentes. Os americanos, desde a Declaração de Independência, no final do século XVIII, já desenvolviam uma sociedade liberal e capitalista, formando um mercado consumidor que se desenvolveu durante o século XIX e sofisticou-se e ampliou-se extraordinariamente durante o século XX. Já os russos, extremamente agrários, não tinham uma indústria expressiva no começo dos anos 1900. Com a implantação do regime comunista, logo após o fim da I Guerra Mundial, após a conturbação inicial, o governo investiu pesadamente na industrialização, priorizando a produção armamentista e formando um mercado interno tímido e limitado.

Subjugada a Alemanha Nazista, o pós-guerra foi marcado pela intensa disputa ideológica e de domínio entre os dois impérios emergentes. O marketing era uma ferramenta que os dois líderes utilizavam para motivar seus dominados e atrair a simpatia dos povos do bloco oposto, apregoando as virtudes de seus regimes e procurando demonstrar que seus conceitos de vida e organização econômica seriam o melhor caminho para a felicidade plena do ser humano. Assim nasceu a disputa espacial, com os soviéticos saindo na frente ao colocar no espaço o primeiro artefato produzido pelo homem, o Sputnik, ao lançar um ser vivo, a cadela Laika, e, em seguida, um ser humano, o astronauta Yuri Gagarin. Os americanos vieram logo atrás, também realizando as mesmas façanhas. Ambos prometiam e buscavam, desesperadamente, ser o primeiro a chegar à Lua, meta primordial na guerra científica, tecnológica, mas eivada de marketing político.

Assim, as duas feiras programadas serviriam para mostrar os avanços e os esforços de cada um em todos os campos culturais e industriais, além de uma tentativa diplomática de diminuir a temperatura de confronto e buscar uma aproximação entre os rivais.

Antes da abertura para o público da feira em Moscou, Nixon ciceroneou Krushev pelos corredores dos stands americanos. O premier russo, irascível, chegou ao recinto com o espírito perturbado. Estava revoltado com a medida aprovada na semana anterior pelo Congresso Americano da "Resolução das Nações Cativas", que se referia aos países da órbita soviética, subjugados e sem independência, e seus cidadãos, os quais eram privados de liberdade, e pedia orações e ações para estes povos oprimidos.

Passando por um stand onde estava exposto uma pérola de novidade, a TV à cores, Nixon, falastrão, deu sua primeira alfinetada, enaltecendo a capacidade americana de inovações. Krushev nervosamente respondeu ao comentário do americano entrando no mérito da resolução americana, puxando um trabalhador russo e perguntando se achava que ele seria um escravo.

O clima ficou quente. A expectativa, confirmada, era de ficar pior ao se aproximar de um estande em que os americanos montaram uma cozinha que alardearam como padrão de uma família americana. Lá estavam os modernos aparelhos postos à disposição do ser humano para facilitar seu dia a dia: fogão à gás, geladeira, máquina de lavar prato, máquina de lavar roupa, liquidificador, batedeira.... Era a joia da coroa, a cereja do bolo da propaganda americana, o clímax do "THE AMERICAN WAY OF LIFE".

As previsões não foram frustradas: o confronto entre os dois duros debatedores acirrou-se.

Orgulhoso, Nixon, enaltecendo a capacidade americana de criar e produzir, apresentava os novos equipamentos desenvolvidos para "tornar mais fácil a vida das donas de casa". Krushev retrucou afirmando: "Nós não temos essa atitude capitalista em relação às mulheres". O americano respondeu que tudo o que estava exposto estava ao alcance da grande maioria de seus compatriotas. O russo desdenhou da afirmação, dizendo que em pouco tempo as famílias russas teriam as mesmas condições.

O bate-boca incendiou-se. Da cozinha e do confronto ideológico, a conversa direcionou-se para a capacidade de desenvolvimento e produção de sofisticadas armas, cada um vangloriando-se de ter forças armadas superiores ao do outro. De dedos em riste, cutucando um ao outro, ameaçavam-se. A diplomacia foi jogada para o ar. A preocupação era de que, tal qual dois colegiais, eles se atracassem. Para os jornalistas e fotógrafos que os rodeavam era um prato cheio, que preencheriam páginas e páginas de jornais e ocupariam horas e horas de noticiário de TV.

Pondo à lume as dificuldades da época, e de cada nação em particular, discutiu-se, inclusive, o momento em que as notícias do "Debate da cozinha" deveriam ser ventiladas pelos órgãos de comunicação. Não se tinha transmissão ao vivo, os materiais precisavam ser editados e enviados. Os americanos queriam noticiar no dia seguinte. Os russos pediam dois dias, para poderem preparar e, naturalmente, censurar as matérias. Nixon afirmou que tudo que Krushev falou seria transmitido nos EUA e, suprema alfinetada, queria que o tratamento dos russos fosse o mesmo, ou seja, que tudo o que alardeou sobre a capacidade e as criações americanas fossem levadas ao conhecimento do povo russo. A mídia americana divulgou integralmente no dia seguinte, a russa, dois dias depois, censurada a maior parte do que o Vice Americano havia dito.

Os americanos jogavam pesado no marketing da sua maneira de viver, para mostrar a superioridade da ideologia e organização capitalista visando a conquista de mercado para sua pujante indústria. Em uma Berlim dividida, centro nervoso do encontro entre as duas visões de mundo, os EUA montaram, na área em que comandava, uma verdadeira exposição de suas conquistas, abarrotando as deslumbrantes vitrines das lojas com os mais modernos aparelhos que facilitavam a vida do ser humano e que punham à disposição dos povos que se engajassem no seu modelo. Os berlinenses de leste, que, naquela altura, ainda podiam circular livremente entre as duas áreas, ficavam deslumbrados e migravam em grande número para o lado ocidental, para desfrutarem das mesmas regalias e conforto que seus coirmãos dispunham. Não podendo competir com os americanos neste quesito, Moscou simplesmente ergueu um muro, em 1961, dividindo a cidade e confinando seus súditos, relegados a uma condição, comparativamente, inferior ao dos compatriotas do outro lado, situação que só se resolveu quando o Império Russo se esfarelou e o "Muro de Berlim" foi, finalmente, derrubado, em 1989.

O FOGO

A descoberta do fogo, sua produção e controle foram fundamentais no desenvolvimento do ser humano.

O homem não criou o fogo, ele observou na natureza a ação dos raios que incandesciam as árvores. Constatou que era maravilhosa a luz que emitia, clareando as noites. Sentia o delicioso calor que o aquecia mesmo nos mais friorentos dias. Verificou que os animais, e eles mesmos, fugiam dos lugares onde o fogo começava e os mantinham à distância.

Aprendeu a temer e a reverenciar o fogo, assim como o sol, que era sua principal fonte de calor.

Concluindo que o fogo seria algo benéfico para o grupo em que convivia, passou a estudar uma maneira de o "levar para casa". Por tentativas e erros, desenvolveu uma maneira de transportá-lo e mantê-lo, possibilitando que sua comunidade tivesse luz e calor permanente. Foi um avanço significativo na história do ser humano.

Com o domínio do transporte e de manutenção, teve a luz para enfrentar a escuridão, o calor para suportar as noites e dias de baixas temperaturas e uma condição segura de manter longe os animais predadores que os atazanavam. Com o know-how adquirido na condução dessa preciosidade, utilizava o fogo para apartar as manadas de animais objetos de sua caça, isolando a presa que lhe interessava. Com essa tecnologia, pôde ir mais longe na busca de seus alimentos, vegetais ou animais, sem se preocupar em voltar antes do escurecer, pois tinha sua lanterna para encontrar o caminho de volta.

Com o domínio do uso do fogo, a comunidade se reunia à noite ao redor da fogueira, para se alimentar e se aquecer do frio. O hábito foi importante para socialização, informando e sendo informado dos acontecimentos do dia, transmitindo os conhecimentos adquiridos, discutindo as ações necessárias para a sobrevivência do grupo. Primeiramente, não sabendo falar, a comunicação era por gestos e sons guturais, que evoluíram para dar nome às coisas, animais ou pessoas a que se referiam, até que começou a fluir uma linguagem que tornou mais fácil a expressão e compreensão. Não tinham a escrita, desenhavam nas paredes e tetos das cavernas, onde moravam, a imagem de algo que os impressionavam, registrando o que tinham em mente e indicando a que se referia ao emitir um som.

É uma pena que não se tinha o poder de registrar os fatos, acontecimentos e histórias. Hoje os estudiosos só deduzem o que se passou. Mas, se houvessem registros, saberíamos que alguém se vangloriava por ter sido seu avô quem tinha descoberto a maneira de fazer fogo. Provavelmente, não foi alguém que teve a ideia, mas deve ter sido o resultado da observação ao longo do tempo do efeito de dois galhos secos serem açoitados pelo vento e se atritados, um ao outro, produzindo uma faísca. Ou, então, ver uma fagulha ser produzida quando uma pedra, ao rolar de um morro, batia em uma outra mais abaixo. Ou, quem sabe, ao polir dois galhos secos, produzisse um foguinho no atrito de um no outro. Ou mesmo, lascando e polindo duas pedras que seriam utilizadas para seus afazeres ou para serem usadas como arma. O fato é que não deve ter sido uma criação, mas uma observação. O problema era aprender a produzir a fagulha e transformá-la em fogo, o que fizeram ao juntar folhas e gravetos secos, que se incendiavam ao serem tocadas pela faísca gerada.

Aprendida a tecnologia de fazer o fogo, o homem tornou-se, definitivamente, o senhor do planeta, suplantando qualquer animal que quisesse fazer-lhe frente.

Com o domínio do uso da chama, observou-se que a carne ficava mais apetitosa se fosse assada no fogo. Antes, comiam crua, retalhando as partes da caça e dividindo entre os pares. A carne crua durava poucos dias, ficando podre e sendo desperdiçada. A carne assada, notaram, durava mais tempo. Provavelmente, imaginemos, começou-se a discussão sobre qual o ponto ideal da carne: mais ou menos assada, ou intermediária, ao ponto, com gordura ou sem. No começo, os descobridores devem ter tido trabalho para convencer os demais a provar aquele churrasquinho, com a possibilidade de muitos terem asco de deglutir uma carne queimada.

Naturalmente não sabiam, assim como bilhões de seres humanos que já viveram, e ainda vivem, que uma carne preparada no fogo tem as bactérias, que a acompanham, destruídas, o que evitava doenças. Nem, tampouco, que ela processada no calor, potencializa as calorias tão necessárias ao corpo. Com isso, o ser humano se fortaleceu e desenvolveu o cérebro. Hoje, sabemos que este consome 20% das calorias ingeridas, portanto, quanto mais consumia, mais fortalecia e ampliava o cérebro, permitindo melhor raciocínio e capacidade de criar.

Notou, também, que certas plantas e raízes, quando submetidas ao fogo, adquiriam um sabor mais apetitoso, ampliando o cardápio de alimentos saudáveis que contribuíram para fortificar o corpo.

Observou-se, ao longo do tempo, que o barro submetido ao fogo endurecia. Com isso, desenvolveu a cerâmica, produzindo instrumentos e utensílios que eram utilizados para levar os alimentos ao fogo.

Mais à frente, aprendeu a fundir o ferro, o bronze e outros metais, o que permitiu melhores apetrechos para o preparo dos alimentos no fogo, bem como a construção e melhoria de equipamentos utilizados para o ato de cozinhar, substituindo as pedras que punham ao redor de um buraco no chão onde acendiam as lenhas para o cozimento dos alimentos.

O domínio do fogo foi importantíssimo na história da humanidade. O seu controle permitiu o desenvolvimento civilizatório e capacitou o homem a aventuras ainda mais revolucionárias ao longo do tempo.

O LAR

Em um determinado momento da trajetória do homem na Terra, ele aprendeu a cultivar. Observando a natureza, compreendeu que das sementes nasciam as plantas e que, se as plantasse nos arredores da caverna onde vivia, não precisaria andar longas jornadas para recolher o que precisava.

Dominando as técnicas de cultivo, o ser humano passou para uma vida sedentária, ao invés de perambular de um lugar para outro em busca de seu alimento, ficando estabelecido em um determinado sítio, facilitando sua vida.

Concluiu que cuidaria melhor de suas plantações se vivesse ao lado delas, evitando o percurso das cavernas nas montanhas até o local. Para isso construiu uma choupana para abrigar sua família das intempéries, do sol e dos ataques dos animais que os caçavam. Construção que foi melhorando na medida em que sua engenhosidade aplicava melhores e mais resistentes materiais, permitindo mais conforto e segurança.

Além do cultivo das plantas necessárias para a subsistência da família, aprendeu a domesticar e criar animais para garantir o suprimento de carne, tão importante para sua alimentação. Com isso resolvia dois problemas: o de precisar andar longos trechos para caçar e o de armazenar a carne que se deteriorava em poucos dias. Tendo em seu quintal animais de pequeno e médio porte, tinha garantido o suprimento diariamente, sem necessidade de se preocupar com a conservação do alimento, da mesma forma que os vegetais, que bastava colher em sua horta o que iria usar no dia. Aprendendo a criar animais de maior porte, garantiu o suprimento de leite que ordenhava somente o que iria consumir de imediato. Aprendeu, também, que a carne dos animais maiores, que, naturalmente, não matava todos os dias, poderia ser conservada dentro da própria gordura extraída. Não se preocupava com os grãos que cultivava, pois estes tinham vida longa, bastando que fossem guardados em um ambiente adequado. Dentro desse mundo de autossubsistência, não tinha necessidade de equipamentos para conservação.

Com o tempo, a sua engenhosidade foi aprimorando a sua nova moradia, não só na arquitetura, bem como no seu interior e no entorno. Desenvolveu um fogão à lenha, material abundante, construído no interior de sua moradia, protegido do sol, chuva e vento, que usava não só para preparar seus alimentos, bem como aquecia a água, melhorando o conforto de sua higiene e o preparo de bebidas aquecidas. Desenvolveu um forno acoplado ao fogão, permitindo uma diversificação dos alimentos preparados. Como mantinha a lenha sempre em combustão, maior quando cozinhava e só em brasa nos intervalos, o ambiente ficava sempre aquecido, principalmente em dias e noites frias.

Aprendeu a preparar novos alimentos e bebidas, primeiramente triturando os grãos, posteriormente desenvolvendo algumas engenhosas máquinas de moer. Descobriu que poderia fazer algumas massas batendo os grãos moídos misturados com água ou leite. Desenvolveu vasilhas de cerâmica, e mais tarde, quando aprendeu a fundir metais, de ferro ou bronze, que poderiam ser levadas ao fogo ou ao forno. Aprimorava e diversificava, assim, a sua alimentação e desenvolvia o paladar e o prazer em comer.

Progredindo, desenvolveu maneiras de melhor lavar as louças, que aprendera a fazer e usar, e locais para secar e guardar. Com o domínio da cerâmica, criou potes para conservar fresca a água retirada das fontes naturais. Aprimorou o asseio, desenvolvendo instrumentos para varrer, tirar o pó e lavar o chão. Construiu do lado de fora de sua casa tanque e batedouro de roupas - pranchas de madeira onde batia as roupas de tecidos pesados que ficavam imundos na lida com a terra e no trabalho com os animais. Fabricou tinas onde submergia na água as peças para terminar a limpeza. Desenvolveu varais onde esticava as roupas para secar e quarar.

Senhor do fogo, criou maneiras de iluminar, mesmo que precariamente, sua casa, mantendo a brasa acesa no fogão e aprendendo a usar, para isso, substâncias que encontrava na natureza ou de gordura animal.

Civilizando-se, o homem aprimorou o seu lar. Sofisticando-se, criou instrumentos que o ajudariam na lida diária de uma vida sedentária e confortável.

A PRIMEIRA REVOLUÇÃO INDUSTRIAL

Ao longo da história, a humanidade evoluiu, civilizou-se, desenvolveu a inteligência e o raciocínio, distanciando-se dos demais animais e afirmando-se como um ser diferenciado e superior. Os filósofos e pensadores gregos foram os principais responsáveis pela construção do status de supremacia do homem, dando-lhe uma roupagem que o distanciava dos demais seres vivos.

Observando a natureza e com seu gênio inventivo, o homem criou instrumentos e objetos que o auxiliaram nas tarefas do dia a dia. Aprendeu a negociar, trocando o que produzia a mais do seu gasto por outras mercadorias que necessitava. Ao inventar a roda, desenvolveu veículos para transportar os bens a serem negociados, levando-os para lugares mais distantes. O comércio expandiu-se e as trocas passaram a ser mais intensas e diversificadas. Novos veículos tracionados por animais ou pequenas embarcações para serem utilizadas nos rios facilitaram o intercâmbio. De um comércio local, buscou paragens cada vez mais distantes, construindo barcos maiores para se aventurar em mares mais amenos e organizando caravanas que atingiam outros continentes.

O comércio entre os povos ganhou proporções enormes quando dominou a tecnologia de construção de caravelas - barcos grandes movidos pela ação dos ventos em suas enormes velas — desenvolveu instrumentos que permitiram se guiar pelas estrelas ao se lançar nos oceanos turbulentos sem fim, mapeou as correntes marítimas e os deslocamentos dos ventos, seu combustível para tracionar seus modernos veículos náuticos.

Com seus navios, pode transportar grandes quantidades de bens de um lugar ao outro, de um continente ao outro, acumulando lucros e dando os primeiros passos significativos para a globalização.

O que se comercializava eram produtos vegetais que resistiam a longas viagens, como as especiarias, madeiras nobres, metais, pedras preciosas e os bens produzidos manualmente como ferramentas e tecidos.

Sem tecnologia de conservação de alimentos, enfrentava suas longas jornadas com muitas dificuldades, com sérias deficiências de nutrientes, que causavam doenças, como o escorbuto, ou pela deterioração do que conseguia levar, causando agressões ao organismo.

Com a intensificação do comércio marítimo, alguns países acumularam enormes capitais, tornando-se potências econômicas, militares e políticas, provocando corrida para domínio de terras ao redor do planeta, formando colônias que garantiam o suprimento de matérias primas e tornavam-se mercado cativo da metrópole imperialista.

Despontou-se especialmente nesse concerto a Inglaterra. Ilha, tinha a facilidade peculiar de ter em toda a sua volta a principal via de comunicação de então, com a enorme vantagem de servir, também, como defesa contra os potenciais inimigos e concorrentes.

O enorme acúmulo de capitais tornou Londres o centro financeiro do mundo. No século XVIII, gozava de uma estabilidade política, limitando o poder da monarquia e dominada por um Parlamento constituído por grandes proprietários de terra e burgueses, enriquecidos pela agricultura, pelo comércio e pelo sistema bancário. Contribuiu enormemente para seu crescimento econômico o fato de ter mudado sua religião para o Protestantismo, pensamento religioso que admitia o lucro como algo abençoado, ao contrário da religião Católica que o via como pecaminoso.

Em busca de novas fontes de lucros, a burguesia incentivava e promovia estudos para acelerar a produção de bens, que eram produzidos à mão, daí o nome manufatura, por artesões ou por corporações controladas por um proprietário, mas constituídas por um conjunto de oficiais que elaboravam manualmente os produtos.

Na segunda metade do século XVIII, foi inventado o motor à vapor. A partir da tecnologia que dominava, o fogo, sabia-se que a água fervente produzia um vapor que os estudiosos procuraram utilizar para impulsionar um motor, tal qual os ventos soprando as velas de uma embarcação a impulsionava.

Dominando a técnica do vapor como matriz propulsora, desenvolveu-se um motor que foi aplicado aos teares que eram tocados manualmente pelos operadores. Foi uma revolução, a Primeira Revolução Industrial.

Principiou-se, assim, os primeiros parques industriais em que teares, em enormes quantidades, eram operados por um grande contingente de trabalhadores.

Ao mesmo tempo que os primeiros motores à vapor eram introduzidos na incipiente indústria têxtil, no campo promovia-se uma revolução agrícola. Até meados dos anos 1700, os campos ingleses eram cultivados por multidões de camponeses que faziam suas roças sob o beneplácito e proteção de um senhor feudal que dominava uma enorme área e recebia em troca uma porcentagem da produção. Por um ato do Parlamento, sancionado pela rainha Elizabeth I, foram criadas as Leis de Cercamentos (Enclosure Acts), que davam, aos senhores feudais, os títulos de propriedade das áreas que dominavam, os quais as tinham somente como posse. Permitiu-se, então, a colocação de cercas para delimitar as propriedades e os, agora, fazendeiros expulsaram os servos que cultivavam as terras, empregando, com baixíssimos salários, camponeses para a lida bem como iniciando uma mecanização agrícola, racionalizando o uso da terra e expandindo enormemente a produção, aumentando consideravelmente o lucro e o acúmulo de capital.

Expulsos de suas terras, não tendo onde ganhar a vida, os ex-servos promoveram um êxodo rural, invadindo as cidades e migrando para os Estados Unidos, onde obteriam terras para tirar seu sustento. As cidades principais da Inglaterra receberam contingentes enormes de pessoas sem trabalho, vivendo no limite da miséria.

A indústria têxtil, que graças aos novos motores à vapor expandia-se vertiginosamente, empregava essas pessoas – e tanto fazia se eram mulheres e crianças – em troca de salários baixíssimos, que mal davam para a sobrevivência, formando um novo contingente: o proletariado.

A Inglaterra entrou no século XIX a, literalmente, todo vapor. Com sua enorme produção de tecidos precisando alcançar rapidamente os mercados, internos e externos, desenvolveu-se a locomotiva à vapor, que no Brasil chamaríamos de Maria Fumaça, e, em seguida, os barcos à vapor, permitindo o transporte mais rápido e em larga escala de produtos, barateando o frete.

Logo, outros segmentos começaram a utilizar a nova tecnologia à vapor, aumentando e dinamizando a indústria inglesa, que não só produziam bens de consumo finais bem como maquinários utilizados em suas fábricas e para exportar a outros países, entre eles os Estados Unidos.

A doutrina do Iluminismo, desenvolvida nos séculos XVII e XVIII, tirou poder dos Reis, democratizou a participação política, permitindo que qualquer pessoa pudesse participar dos governos, e introduziu o liberalismo econômico, onde a iniciativa privada seria o motor e o agente da produção. Com isso fortaleceu a burguesia, iniciando o Capitalismo como doutrina econômica.

Nasciam, por outro lado, os assalariados, tanto da terra, os camponeses, como na indústria, o proletariado. No caos inicial, distorções gritantes foram estabelecidas, com os miseráveis salários, tanto no campo como na cidade, com o emprego de crianças, mulheres grávidas, trabalhando em ambientes insalubres, com enorme carga horária, sem proteção alguma.

Nessa anarquia, nasceram os sindicatos dos Empregados para reivindicarem melhores salários e condições. Desse caldo de cultura, desabrochou uma concepção, que iria contra a organização econômica e social estabelecida, com os pensamentos de Karl Marx, os quais viriam a ser consubstanciados em uma filosofia que se denominou Marxismo e, mais tarde, uma doutrina política, o Comunismo.

No embate entre as duas forças, o Capital e o Trabalho, foi-se criando leis que humanizaram o processo industrial, regulando as relações e protegendo os trabalhadores, sem desestimular a iniciativa privada.

Essa Revolução Industrial permitiu ao ser humano o uso de máquinas para auxiliá-lo em suas tarefas. Das máquinas, começaram a sair produtos que viriam a facilitar suas vidas.

A SEGUNDA REVOLUÇÃO INDUSTRIAL

O desenvolvimento da indústria têxtil no começo do século XIX, agora mecanizada, propiciou uma enorme aceleração da economia, resultado das exportações em grande escala da produção e do crescimento da população urbana que fez aumentar o mercado consumidor. As famílias que migraram para as cidades já não tinham mais suas roças que lhes davam autossuficiência nas necessidades alimentares e renda, por menor que fosse, resultante das vendas dos excedentes de sua produção. Morando na cidade, dependiam do comércio para se abastecerem.

Ampliava-se, assim, a circulação de mercadorias, desenvolvendo os intermediários, que levavam os produtos rurais para as cidades, e os comerciantes locais. Incrementou-se a construção de moradias para os recém-chegados, ampliando o comércio de materiais para esse fim. Aumentou consideravelmente a produção dos artesãos, uma vez que na cidade os egressos dos campos necessitavam de produtos que pouco usavam ou nem mesmo precisavam na roça.

Acumulavam-se capitais. Aumentava-se a procura de produtos. Diversificavam-se as necessidades dos novos moradores das cidades.

Pressionados pelo aumento considerável da demanda, procurando ampliar a oferta de bens e serviços, buscando outras oportunidades com a criação de novos produtos para atender a sofisticação das elites endinheiradas e o atendimento de

A SEGUNDA REVOLUÇÃO INDUSTRIAL

uma classe média que se formava e crescia rapidamente, a classe empresarial investia em pesquisas para o desenvolvimento de novas tecnologias para o incremento da produção e o uso de novas matérias primas que tornassem viáveis e mais baratos os produtos finais e propiciassem mais conforto para os consumidores.

A única fonte de energia que o homem usava intensamente, dominada há milênios, era o fogo. Utilizava em pequena escala a força da água ou dos ventos nos moinhos para moer seus grãos. Para atender a enorme demanda resultante do crescimento desmedido das cidades, investia-se na descoberta e desenvolvimento de novas fontes alternativas.

Já se conhecia o petróleo, mas não se tinha tecnologia para aproveitá-lo. Haviam estudos sobre os átomos e a eletricidade, desconfiando-se da existência de partículas que, dominadas, poderiam gerar energia.

Paralelamente, desenvolveram-se os estudos da Química para aprender como tirar do petróleo a energia que se observava ao vê-lo sendo consumido pelo fogo. Aprendendo a craquear aquela substância escura, oleosa, viscosa, descobriu-se inúmeras utilidades. Do refino do petróleo, tirou-se a gasolina, diesel, gás, parafina, querosene, os quais se tornaram fontes de energia aplicáveis em vários setores. Desenvolvendo o plástico, a partir do petróleo, descobriu-se uma matéria prima, relativamente barata, que revolucionou a fabricação de produtos finais e componentes utilizáveis em infindáveis situações: escova de dente, pente, vasilhas de cozinha, calçados, móveis, garrafas pets, eletro portáteis, brinquedos, automóveis, TV, computador, celular...

Do petróleo, desenvolveu-se o motor a combustão interna utilizando a gasolina e o diesel; o gás, que veio a substituir a fonte de energia dos fogões, a lenha e o carvão, e sua aplicação na iluminação das ruas e residências; o querosene, utilizado para motores em locais ainda não alcançados pela energia elétrica.

De extrema importância foi o desenvolvimento da metalurgia e da siderurgia.

Metalurgia é a ciência que estuda os metais, desde a sua extração, passando pela transformação e a sua aplicação. Siderurgia, palavra que vem do grego, significa o trabalho feito sobre o ferro.

O ferro é encontrado na natureza nos minerais denominados hematita. Submetido a altas temperaturas, acima de 900°, obtém-se o ferro gusa, que contém de 2% a 5% de carbono. Nas aciarias, obtém-se o aço na purificação do ferro gusa, injetando oxigênio no forno, que interage com o carbono formando o gás carbono, CO_2, que se desprende. Deste processo, resulta uma mistura do ferro com 0,5% a 1,7% de carbono, uma liga metálica, a que é dado o nome de aço.

O aço possui propriedades que possibilita um amplo uso nos mais diversos setores. A liga, por sua ductilidade – flexibilidade, elasticidade, maleabilidade - pode ser trabalhada em forjas, laminação e extrusão. Apresenta uma maior tenacidade – resistência mecânica – e maior dureza – capacidade de riscar outros materiais.

Já se sabia produzir o aço por volta dos anos 900 AC, aplicando-o na produção de facas e espadas. Pondo em prática os novos conhecimentos adquiridos na produção em larga escala, produziram-se tipos diferentes para aplicações em diversos segmentos, tais como nos trilhos de trens, na produção de locomotivas, vagões, automóveis, aparelhos eletrodomésticos, casas, prédios, utensílios de mesa e cozinha...

Bem mais à frente, desenvolveu-se o aço inoxidável que é uma mistura do aço comum, 74%, com cromo, 18%, e níquel, 8%, o que lhe deu a propriedade de não oxidação, pois o cromo impede a corrosão, que forma a ferrugem. Foi um avanço considerável, substituindo o esmaltado, que se deteriorava rapidamente com o tempo. Com outras combinações percentuais, desenvolveram-se novos tipos de aço que foram aplicados em cronômetros, tubos de TV e em lâmpadas incandescentes.

Na Segunda Revolução Industrial, destacou-se, também, o desenvolvimento na área de medicina, com as descobertas de vacinas, antibióticos e outros medicamentos, assim como o desenvolvimento de aparelhos para diagnósticos de enfermidades. O homem padecia menos, fortalecia-se mais e passou a ter uma vida útil bem mais prolongada.

O mais importante fator que determinou a Segunda Revolução Industrial e o mundo moderno foi a descoberta do segredo do Universo: o átomo. Ao entender seu funcionamento, percebendo que a interação de seus componentes - os prótons e nêutrons no interior do seu núcleo e os elétrons girando ao seu redor, campo chamado eletrosfera – era o grande fator determinante do funcionamento de todas as coisas, tanto no Universo quanto na Terra, inclusive de si próprio, o ser humano principiou a se assenhorar do controle da Natureza, encontrando a verdadeira "Pedra Filosofal".

Benjamin Franklin, atuante em várias atividades, como um Leonardo da Vinci do século XVIII – até politicamente, pois foi um dos Pais Fundadores dos Estados Unidos, ao lutar com seus companheiros pela independência americana contra a Inglaterra – desenvolveu experimentos para conhecer e dominar a energia elétrica. Para provar seus estudos, fez uma demonstração empinando uma pipa em um dia tempestuoso, de intensos raios no céu. Prendeu na terra uma chave metálica amarrada na ponta da linha que empinava seu quadrado. Como esperava, raios eram conduzidos pela linha dos céus atraídos pelo metal fixado no chão, produzindo faíscas. Seus estudos indicavam que existiam partículas que eram atraídas por outras, gerando, no encontro, uma energia, a que se convencionou chamar de eletricidade. O termo vinha de "eléctron" que em grego significa âmbar. Isto porque Tales de Mileto, um gênio estudioso da Grécia antiga, antes de Cristo, percebeu a ação de uma pedra de âmbar, que portava em sua roupa de pele de animal, atraindo fios deste material e outras partículas ao redor, e desconfiou da existência de alguma coisa em sua pedra que provocava reação em materiais com propriedades supostamente opostas ao do âmbar. Levou-se dois milênios até Benjamin Franklin provar o que se intuía e levaria, ainda, algumas décadas para se desenvolver técnicas de domínio dessa fabulosa energia.

Interessante notar que o homem primitivo tinha tido contato com o fogo ao observar os raios atingirem as matas e provocarem a queima dos galhos secos e, depois de mais de um milhão de anos, o cientista americano provava que havia partículas energéticas a partir do estudo dos raios que conseguiu canalizar até o contato com seu metal fixado no chão.

Premido por uma necessidade de circular mais rapidamente as informações, que se multiplicavam consideravelmente, desenvolveu-se a comunicação. Graças ao domínio da eletricidade, inventou-se o telégrafo, importante descoberta que permitiu, por exemplo, uma vantagem estratégica de grande importância na Guerra de Secessão Americana, de 1861 a 1865. O exército do Norte, que dominava a nova tecnologia, mandava e recebia informações em poucos minutos enquanto os Confederados, o exército do Sul, trocavam informações pelo lombo do cavalo, levando dias para enviar e obter notícias. Fez muita diferença.

Em 1879, Thomas Alva Edison desenvolveu a lâmpada elétrica incandescente. Profícuo inventor – patenteou mais de duas mil invenções - Edison tornou-se, também, um exitoso empresário. Em 1888, fundou a Edison General Eletric Company, mais tarde retirou o Edison da razão social e a General Eletric expandiu-se internacionalmente, ficando conhecida como "GE".

Inventada a lâmpada elétrica, Thomas Edison cuidou para que seu produto chegasse em todos os lares. Para isso, constituiu uma empresa para gerar e levar eletricidade para dentro das casas. Usou para isso geradores de corrente contínua instalados a cada milha — cerca de 1600 metros — que era o limite do alcance dos elétrons, a partir desta distância, ele se dispersava. Um jovem croata, Nikola Tesla, que trabalhava em uma empresa de Edison em Paris, transferiu-se para Nova York, empregando-se na empresa do famoso inventor. Tesla tentou convencer Edison a desenvolver a corrente alternada, o que permitiria a geração remota e a transmissão por longas distâncias. Edison, não confiando na segurança desta corrente, lucrando enormemente com o sistema de geração de corrente contínua, rechaçou o projeto de Tesla, que acabou se demitindo da empresa. Um magnata dos negócios, George Westinghouse, apostou nas ideias do cientista croata e ganhou a concessão para exploração da geração de energia nas cataratas do Niágara, nos Grandes Lagos, no norte dos Estados Unidos, e sua distribuição para todos os lugares, por mais longe que estivesse. Tesla ganhou de Edison a "Disputa das Correntes", tornando padrão o uso de corrente alternada para a geração e distribuição em alta tensão por longas distâncias, barateando consideravelmente o custo da energia, contudo, por ter uma personalidade instável, não afeita a negócios, não lucrou nada com a aplicação de suas teses.

Utilizando a força da água para movimentar as turbinas estrategicamente posicionadas nas cachoeiras dos rios, tal qual fazia para movimentar as rodas d'água que giravam as moendas, descobriu-se uma fonte energética de baixo custo, inesgotável e renovável.

Com o barateamento da tarifa da energia elétrica, promoveu-se uma corrida intensa de criação de produtos movidos pelos elétrons, abertura de milhares de pequenas empresas, agigantando corporações que se tornaram internacionais.

Criou-se os motores elétricos que substituíram os movidos a vapor, muito mais eficaz, de todos os tamanhos, desde os enormes para as grandes indústrias, até os pequenos empregados em produtos para uso do dia a dia do ser humano.

Aprofundando os estudos da eletricidade, do campo eletromagnético gerado pelos elétrons, das ondas magnéticas, desenvolveu-se o rádio que levava o som instantaneamente para os mais remotos rincões. Criou-se, nesse período, o mais revolucionário dos veículos de comunicação: a televisão. Com a TV, as imagens transmitiam-se rapidamente por ondas eletromagnéticas para todos os lugares; as informações chegavam aos lares; criou-se o hábito de reunir a família em torno das telas; padrões de horários, em função da programação das emissoras, disseminou-se por toda a sociedade; o lazer saia da rua e confinava-se nas casas.

Com a criação do fonógrafo, as músicas puderam ser gravadas e levadas para dentro dos lares através dos discos e do rádio. Inventou-se o cinema, criando-se uma indústria de entretenimento fantástica. Disseminando a televisão, democratizou-se a comunicação e o lazer. Graças ao telefone, as comunicações tornaram-se rápidas e ao alcance de todos.

Com a eletricidade ao alcance de todos, desenvolvendo motores elétricos de todos os tamanhos e capacidade, dominando o uso do aço, incrementando o refino do petróleo, aprimorando a tecnologia para a produção e aplicação do plástico, inventou-se aparelhos para todas as necessidades do ser humano no seu dia a dia, tais como o fogão à gás e elétrico, refrigerador, liquidificador, enceradeira, batedeira, lavadora de roupas e louças, ferro elétrico, forno micro ondas, torradeiras, aspirador de pó, ventilador, ar condicionado...

Aproveitando o motor elétrico, desenvolveu-se um automóvel movido à eletricidade com uma bateria de pouca autonomia, o que permitia o deslocamento do veículo, porem só por algumas dezenas de quilômetros, sendo necessário recarregá-la com frequência. A invenção do motor à combustão interna revolucionou o meio de transporte. Dominado o refino da gasolina, aperfeiçoou-se um motor que utilizava este combustível. Uma bateria acoplada ao motor fornecia a eletricidade que era conduzida até as velas de ignição para produzir uma faísca, provocando a explosão da mistura do ar e gasolina, liberando energia para movimentar o veículo. Graças a combinação do uso de gasolina, diesel e querosene, com a eletricidade, foi possível o desenvolvimento de locomotivas à diesel e elétricas, mais práticas e mais eficientes, a fabricação de automóveis, ônibus, caminhões, aviões, com enorme autonomia, aposentando as carroças, diligências, carros de bois e as caravanas de muares.

As novas tecnologias, de refrigeração e transporte, permitiram a circulação da carne de boi, frango, peixes, leite, frutas, verduras, legumes, fundamentais na dieta alimentar, por longas distâncias sem se deteriorar e sua conservação nos postos de vendas e nas residências, o que contribuiu enormemente para a saúde humana, uma vez que o alimento que chegava à mesa continha menos bactérias e fungos formados pela putrefação e apodrecimento, resultando em menos agressões ao organismo.

O domínio sobre a eletricidade e as ondas eletromagnéticas permitiram um salto de qualidade nas pesquisas e diagnósticos de doenças. Com melhor fonte de luz, o microscópio, inventado no século XVII, ganhou qualidade e capacidade e, utilizando feixes de elétrons, aumentou enormemente a eficiência na observação de tecidos humanos, minúsculas bactérias e características intrínsecas de materiais, permitindo estudos e desenvolvimento de remédios e vacinas para combater e prevenir doenças. Equipamentos utilizando as ondas eletromagnéticas foram desenvolvidos para observar o interior do corpo humano, tais como o raio X, e, mais tarde, a tomografia e a ressonância magnética.

Com as revoluções industriais, o ser humano não viveria mais sem músicas, sem filmes, sem notícias, sem entretenimento, sem se comunicar e sem as comodidades e facilidades postas ao seu alcance, desenvolvendo a capacidade de transformar em produtos todos os conhecimentos adquiridos durante os milênios de sua existência. Com o capital acumulado pelo giro espantoso dos negócios, pôde financiar as pesquisas científicas e os estudos para desenvolvimento de equipamentos necessários à produção. O lucro estimulou a arte e o engenho humanos, em uma velocidade incrível, a desvendar os segredos da natureza e utilizá-las para benefício de sua vida e seu conforto.

Tudo isso só foi possível ao descobrir e dominar a unidade básica do Universo, o átomo, e a energia que os elétrons produzem, a eletricidade.

OS AMERICANOS

O território norte-americano foi colonizado, ao sul, pelos espanhóis e os franceses, e, ao norte, pelos ingleses.

Em 4 de julho de 1776, as Treze Colônias constituídas e dominadas pelos ingleses, assinaram a Declaração de Independência da Inglaterra. O conflito gerado perdurou até 1783, quando se selou a autonomia. Foram apoiados pelos espanhóis e franceses, de quem, logo após, compraram os territórios por eles ocupados.

Formada por colonos britânicos, os estados do norte do território tiveram sua agricultura, muito diversificada, desenvolvida em pequenas propriedades cultivadas por famílias e os do sul, divididos em extensas propriedades, tinham sua economia agrícola dominada por latifundiários, que praticavam a monocultura, principalmente o algodão.

O Norte, mais densamente povoado, tinha um comércio ativo e um número considerável de artesões para atender as demandas das populações, rurais e urbanas. Formou-se uma burguesia rica, inconformada de pagar impostos à Inglaterra sem ter uma contrapartida de benefícios. Lideraram a revolta que os levaram à independência e formaram uma classe política que dominou o novo país. Os Pais da Pátria, assim são chamados os articuladores do movimento, foram inspirados pelo Iluminismo, teoria desenvolvida pelos intelectuais europeus, nos séculos XVII e XVIII, oriundos da burguesia e apoiados por seus membros, que adquiriam força econômica, mas não tinham participação na política e na administração pública, dominadas pela Monarquia e pelo Clero. Instituíram um estado democrático em que todos poderiam participar, através de livre escolhas por eleições periódicas para formação do Poder Executivo e Legislativo, tanto federal como estadual e municipal, e adotaram uma economia liberal, calcada na livre iniciativa e na propriedade privada, protegidas por uma Constituição e por rígidas leis a que todos seriam submetidos, controladas pelo Poder Judiciário, em diversas instâncias.

Consolidada a independência, os empresários importaram os novos teares movidos por motores à vapor, desenvolvidos na Inglaterra, implantando uma forte indústria têxtil, que foi ganhando corpo com o tempo, beneficiado pela proximidade da matéria prima básica, o algodão, largamente produzido nos estados sulistas. Desenvolveram suas próprias indústrias mecânicas para produzir os motores e os equipamentos utilizados em suas fábricas.

Contribuiu para o desenvolvimento acelerado da sua economia as descobertas de minas de carvão nas proximidades dos Grandes Lagos e as jazidas de ferro nos Montes Apalaches, próximas uma da outra e não distantes das principais cidades nortistas. A indústria siderúrgica cresceu rapidamente e a elite econômica promoveu a industrialização, importando tecnologia e equipamentos desenvolvidos na Europa e investindo em pesquisas científicas e desenvolvimento de seus próprios instrumentais. Promoveram a educação em todos os níveis, incrementaram as universidades existentes e desenvolveram novas, formando a mão de obra necessária para dirigir e desenvolver a nova realidade econômica. Atentos ao que se descobria na área científica da Europa, promoviam, por seu lado, os estudos e pesquisas no conhecimento dos diversos segmentos teóricos da Ciência e suas aplicações em novos produtos que levassem conforto e praticidade para a vida humana.

O mercado interno americano desenvolvia-se rapidamente nas cidades e campos. A imigração, principalmente europeia, crescia exponencialmente, atraindo multidões que viviam em dificuldades financeiras ou que eram perseguidas pela religião, buscando na América a oportunidade de trabalho e paz. As cidades eram tomadas por contingentes de trabalhadores na indústria e no comércio. O campo era povoado por agricultores, principalmente os camponeses ingleses que haviam perdido seu espaço pela Lei do Cercamento. O governo americano incentivou a conquista do Oeste, distribuindo pequenas propriedades para os que chegavam.

O território americano expandiu-se com a guerra contra o México, em meados do século XIX, incorporando, pela posse e compra, amplos territórios como o Texas e a região da Califórnia. A descoberta do ouro na Califórnia provocou uma corrida sem precedentes em busca de fortuna rápida. Atraiu migrantes de todos os continentes, provocando o maior deslocamento do ser humano em pouco espaço de tempo, não só em busca do metal amarelo bem como pelas oportunidades comerciais e ocupação da terra para produção de alimentos vegetais e animais.

Os Estados Unidos da América do Norte enriqueciam. Os espaços territoriais eram ocupados. As cidades se desenvolviam. O mercado consumidor ampliava-se. Os meios de transporte desenvolviam-se, tanto o fluvial, com grandes embarcações movidas à vapor, como a terrestre, com estradas para suas diligências e carroções, bem como a ferrovia, com vagões de passageiros e de carga puxados pelas locomotivas à vapor. Foi criada uma malha ferroviária com mais de trezentas empresas cobrindo todo o território, o que garantia o suprimento de matérias primas e o transporte de bens e pessoas para todos os rincões do país.

Entre 1861 e 1865, houve uma guerra fratricida entre os estados do Norte e os do Sul. Estes se rebelaram contra o domínio político dos nortistas e a pressão que sofriam para pôr um fim à escravidão, base da economia sulista.

Mais poderosos, mais organizados, com uma indústria de armamento forte, possuidor de um sistema de comunicação instantânea, o telégrafo, os estados do Norte – União – suplantaram os do Sul – Confederados.

Com a guerra, o exército americano, que já era desenvolvido, experimentado na guerra contra o México e na conquista do Oeste, na luta contra os índios, encorpou e acumulou conhecimentos de combate e logística, aliado a uma forte indústria armamentista, que serviram de base para as conquistas do século XX.

Alcançada a estabilidade política, após a Guerra de Secessão, o mercado interno crescendo enormemente, o desenvolvimento de uma classe média com forte poder aquisitivo demandando produtos que trouxessem comodidade para sua vida, desenvolvendo as exportações de produtos agrícolas e manufaturados, os empresários, fortemente capitalizados, buscavam novas oportunidades para realização de lucros. As descobertas científicas e tecnológicas, estimuladas pela classe capitalista e pelo governo, permitiram a ampliação de produtos ofertados que prometiam mais conforto e facilidades para a vida do ser humano.

Com novos e melhores produtos, produzidos em larga escala, reduzindo seus custos, aliados a novas técnicas de engenharia, as construções de casas de diversos níveis de qualidade e preço ampliaram-se, bem como surgiam os primeiros edifícios – possíveis graças à invenção do elevador movido à eletricidade - permitindo um novo conceito de morar e trabalhar, verticalizando as residências e escritórios, otimizando o uso do solo e atendendo a demanda do mercado por moradias próximas ao local de trabalho e de escritórios para acomodar o contingente de funcionários das empresas e de profissionais que prestavam serviços para as companhias e a população em geral.

Empreendedores buscaram a criação e desenvolvimento de produtos que resolvessem as principais demandas da população: a elaboração dos alimentos e sua conservação.

Assim, no começo do século XX, foi desenvolvido um modelo de fogão a gás para residência, que veio a substituir os pesados e difíceis de serem manipulados fogões à carvão ou à lenha.

Em meados do século XIX, um cozinheiro francês radicado em Londres, Alexis Benoist Soyer, que trabalhava para um Clube de Gentleman, desenvolveu uma cozinha para a nova sede que estava sendo construída. Com verba robusta, garantida pelos milionários e aristocráticos sócios, com liberdade para criar, desenvolveu o primeiro fogão a gás, o que permitiu, além da eliminação de fumaça e cheiro do carvão, o controle da intensidade do calor, permitindo um cozimento mais rápido e preparo de refeições mais elaboradas. Levou-se algumas décadas para que fosse criada a logística de armazenamento seguro e fornecimento do gás, acondicionado em bujões. As ruas já eram iluminadas por lampiões à gás, existindo os gasômetros onde era gerado. Dominada a tecnologia do aço, produziu-se uma estrutura de fogão leve, resistente e com preço compatível com o mercado.

Os cientistas do século XIX eram estimulados a criar uma maneira de conservar e transportar alimentos, um problema sempre premente nas viagens longas pelo mar, onde os pontos de reabastecimento eram distantes um do outro. Por outro lado, com o crescimento da população urbana, a demanda de certos produtos tinha que ser suprida por centros produtores distantes dos locais de consumo, não só dentro do território, bem como de países longínquos. Assim, a partir da criação de um modelo de refrigeração para conservar a produção de cerveja de uma fábrica na Austrália, outros foram criados na Europa e nos Estados Unidos, permitindo o transporte e a comercialização de produtos perecíveis. A conservação de alimentos, leite e carnes, e o resfriamento de bebidas, cervejas e refrigerantes, nos estabelecimentos comerciais, eram feitos por enormes pedras de gelo colocados em uma caixa, mantendo o resfriamento por algumas horas. As barras de gelo, produzidas em fábricas, eram entregues por veículos preparados para tal fim, que corriam o comércio, jogando na calçada os enormes blocos em formatos retangulares e, recolhidas, depositadas nas arcas. Com o desenvolvimento dos motores elétricos, criou-se compressores de ar que faziam circular, por uma serpentina, o gás que refrigerava o ambiente de uma estrutura de aço, uma caixa, que permitia conservar os alimentos, evitando sua deterioração, e gelar as bebidas. Assim, surgiram os refrigeradores, com porta horizontal para se abrir por cima, utilizados nos estabelecimentos comerciais, e a geladeira com porta vertical, aberta na frente, solução para pôr a salvo os produtos alimentícios por alguns dias e resfriar as bebidas.

O grande fator de desenvolvimento acelerado da economia americana foi o desenvolvimento da gigantesca indústria automobilística que, além de facilitar a mobilidade, criou novos conceitos de produção em série, criando as linhas de montagem que otimizavam o trabalho humano, o funcionamento dos maquinários e a circulação dos componentes pelo interior das fábricas, garantindo uma escala de produção que barateavam o produto final. Milhares de automóveis ganhavam as ruas das cidades; bondes e ônibus substituíram os veículos com tração animal; caminhões transportavam rapidamente as mercadorias. Aliados, as ferrovias, equipadas com locomotivas à diesel, e os novos veículos movidos à gasolina, permitiam a circulação rápida das pessoas e das mercadorias. Equipados com refrigeradores, os trens e os caminhões transportavam por longas distâncias, unindo os centros produtores aos centros consumidores, os alimentos perecíveis, garantindo a subsistência dos habitantes das cidades, que cresciam exponencialmente.

A indústria automobilística alavancou o crescimento da classe média com o pagamento de salários polpudos para seus trabalhadores. O investimento em infraestrutura para permitir a circulação dos novos veículos garantia emprego e renda para a massa de trabalhadores. O crescimento do comércio, respondendo à intensa demanda, proporcionava a ampliação da oferta de empregos para milhões de trabalhadores. A agricultura, a pecuária e a pesca aumentavam vertiginosamente sua produção para atender o crescente consumo da população urbana. A riqueza circulava em alta velocidade. O mercado se robustecia. O consumidor, com alto poder aquisitivo, sofisticava-se e exigia novos produtos para seu conforto e comodidade. O empresariado, altamente capitalizado, de olho nesse crescente mercado, investia pesadamente no desenvolvimento de novos produtos e novas tecnologias.

Assim, inventada a lâmpada elétrica para iluminar as residências, desenvolvidos os dois principais equipamentos para atender as principais necessidades do dia a dia de qualquer ser humano, o fogão para o preparo dos alimentos e a geladeira para sua conservação, criou-se uma parafernália de uso doméstico para atender a todas as atividades das famílias, substituindo a força humana pela energia elétrica: lavadora e secadora de roupas, lavadora de louças, liquidificador, espremedor de frutas, batedeira, enceradeira, aspirador de pó, cafeteira. Desenvolveu-se o ferro elétrico substituindo o tradicional e pesado ferro à carvão. Para aliviar o calor ou o frio, lançaram o ventilador, o aquecedor, o ar-condicionado, o umidificador. Como alternativa ao fogão a gás, criou-se o fogão elétrico, a torradeira, a sanduicheira, o micro-ondas. Para a higiene, foi desenvolvido o chuveiro elétrico, o aquecedor de água, o secador de cabelo, o barbeador. A máquina de costura com pedal elétrico aliviou as pernas de todas as donas de casa. Para se comunicar, o telefone se tornou peça indispensável de uma casa, comodidade posta à disposição graças à instalação de grandes empresas telefônicas.

Graças ao domínio da eletricidade, um novo nicho de negócios foi desenvolvido para atender à demanda de diversão do ser humano: criou-se a indústria de entretenimento. Inventou-se o cinema, surgindo, por um lado, o comércio de salas montadas para "passar os filmes", de outro lado a indústria cinematográfica, unindo os grandes empresários e a classe artística, que tinham uma alternativa muito mais lucrativa e de público do que os teatros e circos. Com a invenção do rádio, o entretenimento foi levado diretamente para os lares, permitindo que as informações, as músicas e até o teatro, o rádio-teatro, ficassem ao alcance de toda a população. Propagadas pelas ondas do rádio, as músicas passaram a ser demandadas e, para sempre ter à mão as suas preferências, o ouvinte passou a contar com o fonógrafo, reproduzindo em casa, à hora que quisesse, suas predileções musicais. Novas indústrias surgiam: as gravadoras e os fabricantes de aparelhos de rádio e toca-discos. Mas não só para dentro de casa foram levados o rádio e as músicas. Como o ser humano passava boa parte do dia no seu mais recente brinquedo, o automóvel, a indústria encontrou outro enorme filão, desenvolvendo a possibilidade de instalar nos veículos os rádios e toca-fitas, aparelhos que reproduziam as músicas gravadas em fitas cassetes.

Não satisfeito em ter o som em casa, precisou-se levar a imagem também: inventou-se e desenvolveu-se a televisão, mudando radicalmente os hábitos da humanidade. Ampliava-se a indústria de entretenimento com as emissoras de televisão e nasciam os fabricantes de aparelhos de televisão.

A industrialização, iniciada na Inglaterra no final do século XVIII, espalhou-se, no século XIX, fortemente para a França, Itália, Holanda e Alemanha, na Europa, e, na Ásia, com o Japão. A Russia, timidamente, começou sua aventura industrial no final do século XIX.

No começo do século XX, a industrialização europeia tomava corpo com as novas descobertas e suas aplicações em novos produtos. Contudo, o ambiente político e de rivalidades históricas dos países da Europa geraram um conflito de enormes proporções, entre os anos 1914 e 1918, nunca antes observadas: a Grande Guerra, posteriormente designada a Primeira Guerra Mundial. O conflito, também, envolveu países do Oriente Médio, da Austrália, da África, da Ásia, colônias dos países envolvidos, obrigados a enviarem suas tropas para o cenário de guerra no território europeu. Os Estados Unidos acabaram sendo levados a participar em razão da aliança com seu principal parceiro e com vínculos históricos: a Inglaterra.

A guerra interrompeu o desenvolvimento industrial de bens para consumo na Europa, concentrados na produção de armas e artigos para atender as demandas dos conflitos. Os embates não só devastaram cidades e campos, bem como desarticularam toda a economia europeia, além de causar mortes de milhões de pessoas.

Os Americanos, apesar de participarem com suas tropas no conflito, não tiveram seu território afetado pelos combates. Assim, a vida da população pode continuar sem maiores traumas, a não ser pela dor das perdas humanas e mutilações dos combatentes que retornavam da Europa. Beneficiaram-se, também, das exportações de produtos, os mais diversos possíveis, para atender as necessidades dos países europeus, além das armas e equipamentos militares. Sua economia, ao contrário da europeia, desenvolveu-se significamente, produzindo normalmente seus produtos e criando outros para atender sua população que aumentava em número e poder aquisitivo, bem como suprindo as demandas de outros países que tiveram interrompidas suas importações da Europa. Mesmo com o fim dos conflitos em 1918, os EUA continuaram fornecendo maciçamente seus produtos, enquanto a indústria e comércio europeus se rearticulavam e normalizavam sua economia.

O período pós-guerra, curadas as feridas, foi cenário de retomada do crescimento europeu, com as indústrias existentes incrementando e redirecionando suas produções para atender as demandas do mercado, retomando projetos, aplicando novas tecnologias, copiando ou desenvolvendo novos produtos. Novas empresas surgiam e cresciam rapidamente, para atender um mercado febril.

Contudo, apesar dos sofrimentos causados pela guerra de 1914-1918, a paz entre as nações não foi alcançada. Pelo contrário, os ódios centenários, alimentados pelo resultado do conflito, afloraram e a Alemanha, buscando reparações e com sonhos imperiais, novamente desencadeou outro conflito planetário – chamada de Segunda Guerra Mundial - entre 1939 e 1945, levando, desta vez, o palco dos conflitos para os outros continentes, com a adesão da Italia e Japão, formando uma aliança que ficou conhecida como Eixo.

Novamente a Europa ficou arrasada pelos violentos e sangrentos combates, agora com potentes e ágeis tanques de guerra aliados a uma desenvolvida aviação militar, que não só derrubava os aviões e destruíam os tanques inimigos, mas bombardeavam as cidades e campos, destruindo imensas áreas, dentro delas não só instalações militares, bem como casas, lavouras e indústrias.

Longe dos cenários dos conflitos, a não ser pelo Hawai e algumas escaramuças de submarinos alemães em águas próximas, o território americano não sofreu ou foi atingido pelas armas e exércitos inimigos.

Preservada, a indústria americana trabalhou a todo vapor, não só para atender seu fortíssimo mercado interno, assim como para exportar armas e bens para os países aliados envolvidos na devastadora guerra.

Finda a guerra em 1945, com os exércitos e as economias europeias em frangalhos, os EUA emergiram e se consolidaram como a grande potência do mundo ocidental, com tentáculos em toda a parte, inclusive dominando parte da Ásia: Japão, Coréia do Sul, Vietnã do Sul, Taiwan e Indonésia.

Contrapondo-se aos Estados Unidos, despontou a Rússia, que, aliando-se durante a guerra com os EUA, recebendo ajuda material dos americanos em sua luta contra a invasão alemã aos seus territórios, dominou todos os países europeus situados a leste, como resultado de seu esforço em expulsar e perseguir os alemães até Berlim, ponto de encontro com os exércitos Aliados, estendendo sua zona de domínio até metade da Alemanha, erguendo, figurativamente, nas palavras do Primeiro Ministro Britânico, Winston Churchill, uma Cortina de Ferro, dividindo a Europa em duas partes. Moscou sugou todas as forças e energias dos países dominados para se fortalecer e se estabelecer como a outra Potência Mundial, fazendo frente ao poderio dos americanos.

País essencialmente agrícola, a Russia desenvolveu sua indústria priorizando a produção de produtos bélicos, no mesmo nível que os EUA. Com sua economia coletivizada, centralizada, planejada por sua burocracia, com o povo vivendo de baixos salários e cartões de racionamento, o seu mercado interno era bem modesto, satisfeito e resignado com os produtos de baixa qualidade que lhe eram oferecidos, uma vez que seus governantes concentravam seus esforços e riqueza na sofisticação de suas forças armadas. Era a estratégia para se defender de seus inimigos, os outros países europeus, com seu novo aliado, os americanos, ao mesmo tempo que buscava ampliar suas zonas de influências e domínios, buscando manter bem longe de Moscou os exércitos que poderiam lhe fazer frente.

Uma guerra de marketing ideológico tornou-se planetária.

De um lado, os agora representantes da União das Repúblicas Socialistas Soviéticas, URSS, alardeavam aos quatro ventos a sua superioridade ao adotar a filosofia Comunista, na qual todos seriam iguais, teriam as mesmas oportunidades, recebendo do estado tudo que lhe fosse necessário e suficiente para viver, pela contrapartida de todos contribuírem, igualitariamente, com seu esforço individual para atingir as realizações coletivas. O estado é o mentor de todas as ações, planejando, produzindo e distribuindo igualitariamente a todos os cidadãos o necessário para sua vida, de tal forma que ninguém teria privilégios, nem vantagens a mais que os outros. Prometiam um paraíso terrestre, para felicidade de todo homem, uma vez que sua filosofia era materialista, não havendo nada após a morte, nem Deus, que consideravam o ópio do povo, inventado para anestesiar o ser humano e desviá-lo dos objetivos terrestres. Substituíam o mito divino, pela adoração materialista, mas com não menos devoção, dos seus líderes e heróis, transformados em verdadeiros deuses.

De outro lado, os EUA difundiam o marketing de sua superioridade justamente por proporcionar a realização pessoal dos seus cidadãos. Calcados e organizados na livra iniciativa, na economia liberal, em que todos teriam liberdade para escolher e exercer a atividade que melhor atendesse a seus desejos e aspirações, a propaganda americana valorizava as iniciativas pessoais, com o Estado apenas exercendo o mínimo para regulamentar e assegurar os direitos de todos, em igualdade de condições, atuando apenas em projetos do interesse coletivo. Valorizavam seus heróis, como exemplo e motivações para as ações dos cidadãos, tendo a meritocracia como apanágio das iniciativas e conquistas, considerando o lucro como algo desejável, não pecaminoso, e motor do desenvolvimento e progresso. Consideravam Deus como um ser acima de tudo e, em nome dele, buscavam as conquistas e realizações na Terra, mirando a vida eterna no paraíso celestial.

Os EUA propagandeavam a excelência do seu modo de vida, com todos os avanços à disposição de seus cidadãos, facilitando a vida das famílias, como marco da superioridade da sua ideologia e organização, prometendo a todos os países que se aliassem a eles o acesso aos mesmos bens que dispunham os americanos.

Os principais produtos que o marketing americano enfatizava eram os de utilidades domésticas. Isso ficou bem claro no célebre "Debate da Cozinha" entre o, então, Vice-Presidente americano Richard Nixon e o Primeiro-Ministro russo Nikita Krushev na exposição americana em Moscou em 1959. Nas palavras de Nixon, a capacidade tecnológica da indústria americana desenvolveu todos aqueles equipamentos dispostos no estande para facilitar a vida de todas as donas de casa americanas, o que provava a superioridade americana, uma vez que o governo russo não tinha condição de produzir.

O poder de atração que esses produtos exerciam era enorme e ficava patente em Berlim, onde as duas superpotências dividiam o controle, após derrotarem Hitler em 1945. Dominando o lado ocidental da cidade e do país, os americanos investiram pesadamente, proporcionando uma rápida recuperação da economia e do poder aquisitivo dos alemães ocidentais. As lojas berlinenses do lado americano expunham em suas vitrines todos os últimos lançamentos dos aparelhos criados para a comodidade de todos. Na Berlim dividida do pós-guerra, podia se circular à vontade de um setor para o outro, sem barreiras. As famílias da Berlim Oriental, que não dispunham dos mesmos artigos, cobiçavam e sonhavam com todos aqueles bens e o modo de vida que seus concidadãos do lado ocidental desfrutavam e começaram um êxodo para aquele paraíso, atingindo tal proporção que Moscou decidiu pôr um basta. Sem condições de proporcionar o mesmo nível de vida e o mesmo acesso aos produtos que o ocidente oferecia, a Russia ergueu um muro, que ficou conhecido como "Muro de Berlim", cortando a cidade, impedindo que seus cidadãos se movimentassem livremente, ordenando, inclusive, aos seus soldados, que vigiavam o muro, atirar para matar, o que aconteceu em muitos casos, todo aquele que ousasse e se aventurasse na tentativa de pular o muro para alcançar a liberdade e uma vida melhor.

Com todas as fronteiras com o ocidente severamente vigiadas, a construção do "Muro de Berlim", em 1961, selou definitivamente o isolamento da população sob domínio soviético. Moscou procurava, desta maneira, evitar o contágio e a propagação do vírus do "The American Way of Live".

O REPRESENTANTE

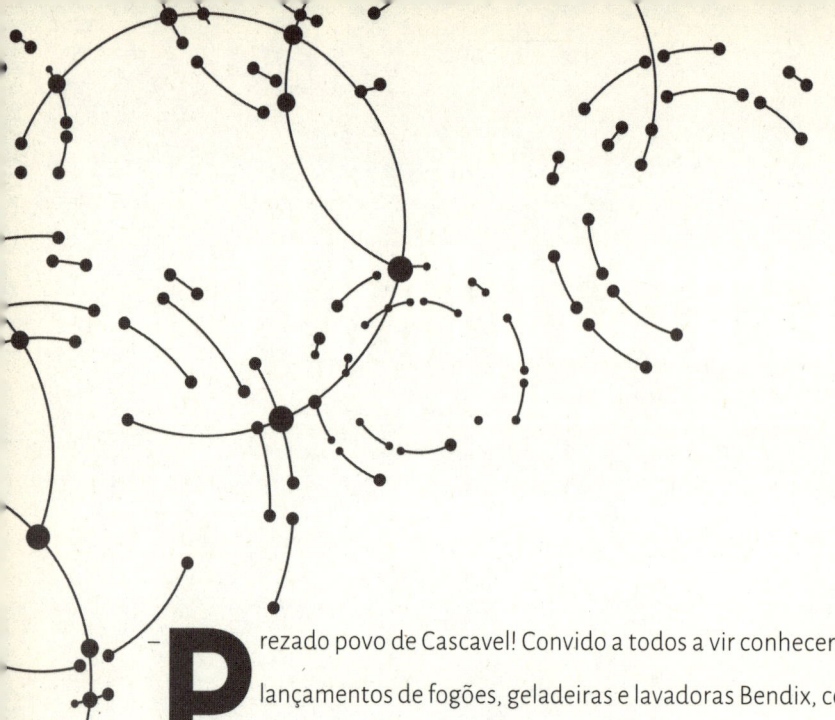

— Prezado povo de Cascavel! Convido a todos a vir conhecer os novíssimos lançamentos de fogões, geladeiras e lavadoras Bendix, conquistas modernas à disposição de todas as donas de casa!

Caprichando na voz empostada, Lourival corria as ruas da cidade em uma Kombi equipada com alto-falantes motivando a população a conhecer os novos produtos da Bendix, empresa que representava no interior do Paraná e Santa Catarina. Dono de uma voz bonita, elegante, despertava atenção dos moradores. Na loja, uma demonstradora, trazida e treinada por ele, apresentava, com riqueza de detalhes, as inovações técnicas dos produtos, as facilidades de uso, além de procurar convencer os clientes da necessidade e comodidade de ter aqueles aparelhos, maravilhas do século XX, como ela dizia, em suas residências.

Nas grandes cidades, como São Paulo e Rio de Janeiro, desde que foram lançados na década de 1940, os fogões a gás encontraram boa receptividade junto ao grande público consumidor pela evidente praticidade de seu uso. Eles vieram para substituir o fogão a lenha ou a carvão. Nas grandes cidades, a não ser nas periferias, era difícil conseguir e transportar a lenha e o carvão, além do transtorno de fumaça e cheiro que provocavam. Organizada a logística da distribuição dos botijões de gás, rapidamente os novos equipamentos alcançaram todas as casas, apesar do incômodo de ter de passar nas lojas para solicitar a entrega dos tambores. Se fosse esquecido de fazer a encomenda e o gás acabasse, tinha-se que carregar o botijão vazio nas costas, pegar ônibus até o depósito da empresa e trazer o cheio, pesado, fazendo o trajeto inverso. Havia o hábito, nessas ocasiões, de pedir emprestado um recipiente para o vizinho, devolvendo um outro cheio na entrega seguinte.

A geladeira, para o morador de uma cidade grande foi de uma utilidade reconhecida imediatamente, permitindo conservar alimentos, evitando sua deterioração, eliminando a ida diária ao comércio para sua aquisição, além de permitir o conforto de uma água ou bebida gelada e a produzir, em casa, as delícias de um sorvete ou gelatina.

Nas cidades do interior, a resistência ao fogão era grande uma vez que havia lenha em abundancia nos arredores e o fogão, com este combustível, permitia uma intensidade de fogo maior e deixava o alimento mais saboroso pois era cozido em panelas de ferro, acrescido do próprio cheiro da lenha, que perfumava o ambiente e a própria comida, além da função adicional de ser um aquecedor nos dias de temperaturas baixas. As mulheres balançavam a cabeça, em desaprovação, ao ver as rodelinhas de fogo dos fogões a gás.

A geladeira, também, não era algo de extrema necessidade. Ao contrário dos habitantes das grandes cidades, os moradores das pequenas e médias urbes e da zona rural tinham em seu quintal pomares, hortas — além dos canteiros adubados onde plantavam todas as variedades, tinham chuchu e abobrinhas que, trepadeiras, se enroscavam nos arames que uniam os bambus utilizados para cercar as propriedades - criavam galinhas, tendo sempre ovos e frangos — hábeis, as donas de casa cercavam e pegavam um franguinho, torciam rapidamente o pescoço, cortavam-no, recolhendo em uma vasilha o sangue para feitura do molho pardo, depenavam em água fervente, destrinchavam e colocavam na panela de ferro os pedaços para cozinhar ou assar – engordavam porcos, que ficavam cercados em um chiqueiro, alimentados com o que sobrava do almoço e janta, levando-os ao matadouro quando estivessem suficientemente gordos, armazenando a farta gordura em grandes latas, conservando os pedaços da carne em seu interior. Assim, sempre tinham alimentos frescos na hora que bem quisessem, como milenarmente era feito, e não precisavam da geladeira para conservar seus alimentos.

Os outros aparelhos que começaram a ser ofertados no comércio - como lavadora de roupa, secadora, lavadora de louça, batedeira, liquidificador, torradeira... - sofriam rejeição do público masculino. Os homens argumentavam a desnecessidade de gastar dinheiro com essa parafernália uma vez que as esposas tinham o dia todo para as tarefas de casa e perguntavam: o que elas ficariam fazendo se seus trabalhos fossem substituídos por essas máquinas? Ficariam a tarde toda assistindo televisão? Fofocando com as vizinhas? Ou, pior ainda, com a ociosidade, começariam a pôr minhocas na cabeça e arriscariam alguma aventura. O modelo de organização familiar e divisão de trabalho, mais o arraigado espírito machista, eram fortes oponentes à expansão desses novos produtos. Em boa parte, os bens modernos entravam nas casas graças aos filhos. O mercado de trabalho nos anos 1960 expandia-se aceleradamente e os jovens, mesmo as meninas, ingressavam nas lojas, bancos e escritórios. Com seus salários, sensibilizados com o árduo trabalho das genitoras, presenteavam-nas com esses aparelhos no dia das mães, no natal ou no aniversário, o que as deixavam felizes pelo carinho dos filhos e com o alívio para suas forças no dia a dia de seus trabalhos intensos.

A mulher, tradicionalmente, era preparada para assumir a função destinada a ela: a de dona de casa. Normalmente, ela aprendia a cozinhar, cuidar da casa e de todos os afazeres pertinentes. As mulheres de famílias de classe média e baixas, em geral, estudavam até completarem o, então, ensino primário – hoje fundamental I – o que os pais consideravam suficiente para suas vidas. Uma parte destas e as de classe alta frequentavam o ginásio – fundamental II – e, após, ingressavam no magistério, sendo que a maior parte apenas para ter um diploma, não exercendo a profissão. Pouquíssimas se aventuravam nos estudos superiores, e apenas uma fração deste contingente exercia a profissão. Com a revolução dos costumes observada a partir da década de 1960, marcada por grandes transformações em todos os sentidos do ser humano, a mulher ingressou firmemente no mercado de trabalho e passou a disputar com o homem uma vaga no ensino superior.

Em razão disto, ao casar, as jovens exigiam todos os produtos modernos que lhe facilitavam a vida, pois, apesar de saírem de casa para trabalhar, eram de sua responsabilidade os afazeres da casa.

Com a mudança de mentalidade e atitude, a indústria de utilidades domésticas ganhou corpo, expandindo exponencialmente.

Além de todos os hábitos e comportamentos milenares, a indústria brasileira do ramo sofria com a desconfiança do mercado com relação à qualidade de seus produtos. As famílias abastadas importavam diretamente ou compravam em lojas especializadas os produtos produzidos nos Estados Unidos e na Europa, de qualidade muito superior. Quem não tinha dinheiro para comprar estas preciosidades, a grande maioria da população, tinha que se contentar com o que lhe era oferecido ou resistia, mantendo os padrões milenares de trabalho doméstico.

Enquanto empreendedores criavam, ou copiavam, e industrializavam os modernos utensílios postos à disposição das famílias, outros capacitavam suas lojas para abastecer os consumidores convencidos da utilidade dos recursos modernos. Entre estes dois polos, desenvolveu-se uma arquitetura de atendimento para viabilizar o fluxo de bens. Auxiliando os departamentos de vendas das indústrias, surgiram escritórios de representações autônomos que apresentavam os produtos aos lojistas espalhados por todos os rincões e emitiam os pedidos que endereçavam aos fabricantes. Esse meio de campo era muito importante pelas dificuldades dos contatos entre os dois extremos. Em um tempo que ainda não se tinha computador, celular, as ligações telefônicas eram precárias, as estradas eram péssimas, muitas vezes não pavimentadas, as cidades relevantes eram distantes uma das outras, o sistema bancário disperso, os representantes - muitos vendiam produtos de várias fábricas, não concorrentes entre si — eram os olhos e bocas dos produtores e os ouvidos dos lojistas. Levavam as informações dos artigos, observavam o comportamento dos consumidores de cada localidade, específico de cada região, e ouviam as reinvindicações, as sugestões e as críticas dos comerciantes locais. Acompanhavam, também, a logística de entrega, faziam a análise de créditos, os recebimentos das duplicatas, organizavam e promoviam a divulgação dos produtos e o modo de usá-los.

O representante era um elo importantíssimo na cadeia de comercialização da época. Uma pessoa de alto gabarito e inteligência era fundamental ao sucesso de uma empresa que se prezasse.

Glauco Marchezan, dono de uma representação comercial em Curitiba, na esteira de expansão do comércio da linha branca — fogão, geladeira, lavadora — decidiu, no começo dos anos 1960, conquistar os mercados do interior do Paraná e Santa Catarina. À procura de um profissional com competência para lhe auxiliar na tarefa, observou um jovem vendedor de calçados em uma loja da cidade, que reunia as condições ideais para o que propunha. Alto, atlético, boa aparência, com uma bonita voz e excelente dicção, inteligente, esperto, com uma capacidade enorme de convencer a clientela e com enorme disposição para o trabalho, Glauco lhe propôs a oportunidade e o desafio de conquistar um novo mercado para os produtos que revolucionavam os Estados Unidos e Europa e estavam conquistando as capitais dos estados brasileiros, além da grande oportunidade de ter uma renda muito maior do que ganhava como balconista. Vislumbrando um grande salto profissional, não só pelas possibilidades monetárias, bem como pela oportunidade única de conquistar novos mercados para produtos inovadores que chegavam para mudar e melhorar a vida de todo ser humano, além da excelente chance de viajar por um amplo território, libertando-se do casulo que lhe impunha o trabalho em uma loja, o rapaz não titubeou, aceitando, de imediato, o convite inesperado. Assim, Lourival Kiçula começou sua trajetória no ramo de produtos de utilidade doméstica.

A empreitada exigia longas viagens em dias ou muito quentes ou muito frios por estradas em boa parte não asfaltadas, em ônibus, verdadeiras sucatas, sem conforto, dormindo em hotéis de baixa categoria, alimentando-se em restaurantes simples, longe da família e dos amigos, uma vida solitária. Não bastassem estas condições adversas, teria a ingente tarefa de conquistar lojistas, comerciantes que não tinham o domínio do conhecimento sobre novos produtos, desconfiados da qualidade do que lhes era apresentado, inseguros quanto à aceitação pelo consumidor, acrescentado ao alto investimento na compra das mercadorias, além das possíveis dores de cabeça de enfrentar um consumidor reclamando de mau funcionamento e de desenvolver assistência técnica para as inevitáveis panes e substituição de peças. O mercado dos produtos eletrodomésticos era novo, desconhecido, tanto pelos lojistas quanto pelos consumidores, apreensivos quanto ao funcionamento daqueles motores barulhentos, que muitas vezes, superaquecidos pela variação da voltagem, pulavam feito cavalo bravo, deslocando, autonomamente, a geladeira, a lavadora ou a enceradeira. O medo de levar choque era constante, principalmente ao usar o chuveiro elétrico. O pânico de explodir um botijão de gás, por vazamento, era de se levar em conta, pois histórias a respeito corriam soltas.

Não só a lida com os produtos elétricos causava apreensão, medo mesmo. A própria instalação elétrica no interior da casa era fonte de preocupação, pois, sem experiência, ela era malfeita pelos novatos eletricistas, a maior parte apenas curiosos que se aventuravam na atividade, empregando materiais de baixa qualidade – a indústria do setor não dominava a qualidade necessária para a segurança do usuário – causando inúmeros acidentes, muitas vezes com certa gravidade, não só com as crianças, que enfiavam o dedo na tomada, mas com os adultos, também. Muitas vezes, os pretensos eletricistas, inábeis e com poucos conhecimentos, levavam perigosas descargas elétricas, às vezes fatais.

Se nas grandes e principais cidades, as distribuições da eletricidade eram feitas de modo precário, com constantes apagões, nas cidades do interior, principalmente nas mais distantes, os serviços eram de péssima qualidade, com muitas variações de voltagem, que além de explodir os transformadores, já por si de baixa categoria, queimavam os aparelhos que estivessem conectados à tomada.

Nesse quadro, Lourival, e todos os que se aventuravam na profissão de representante por esse Brasil afora, tinha que enfrentar a resistência enorme do mercado consumidor, não só pelos hábitos arraigados, bem como pelo receio e pavor de fazer uso dos modernos equipamentos elétricos.

Em uma época que a televisão não tinha alcançado os lares interioranos – nas grandes cidades uma parte da população já tinha acesso, permitindo ver as propagandas mostrando o uso e as vantagens dos produtos – o marketing tinha que ser feito na motivação da população para se dirigir à loja, onde uma demonstradora, e os próprios vendedores, poderiam apresentar as qualidades de cada moderno aparelho. Assim Lourival corria a cidade, propagando aos quatro ventos, pelos alto-falantes instalados sobre a perua Kombi, a chegada dos eletrodomésticos que prometiam facilitar a vida da população.

Hábil vendedor, Lourival se destacava por diversos atributos moldados desde a infância.

Neto de ucranianos e poloneses, observava nos pais a disciplina, a disposição ao trabalho e a busca da perfeição no que fazia, qualidades vindas com os imigrantes que buscavam no Brasil melhores condições de vida e paz que suas pátrias não mais podiam lhes oferecer.

Situados em uma faixa entre o Mar Báltico e o Mar Negro, Ucrânia e Polônia eram, desde sempre, passagem obrigatória de migrantes asiáticos em busca de melhores condições de vida e de hordas de povos bárbaros, guerreiros, ávidos de conquista, os quais tinham a Europa Ocidental como alvo. Ao longo dos séculos, as duas regiões viviam instavelmente, sempre sobressaltadas pelos perigos que corriam, sendo dominadas por um ou outro inimigo. Viram passar por suas terras conquistadores impiedosos como os mongóis; um grandioso e garboso exército de Napoleão a caminho da conquista da Russia e voltando de lá roto e esfarrapado com os russos nos seus calcanhares, expulsando-os sem complacência; participaram com o exército russo na campanha da I Guerra Mundial contra os alemães e o Império Austro-Húngaro; sofreram com a passagem do poderoso exército de Hitler na II Guerra Mundial em direção à Moscou e a sua posterior fuga desordenada e feroz de volta à Alemanha, cumprindo ordem do Fuhrer de deixar terra arrasada atrás de si. Assim, Ucrânia e Polônia passaram de mão em mão, alternando períodos de paz e prosperidade com períodos de guerra, provocando extrema pobreza e fome.

Destarte, no final do século XIX e na primeira metade do século XX, muitos ucranianos deixaram o país e se estabeleceram em uma região calma, fértil, de excelente clima, na parte central do estado do Paraná, em uma cidade a que foi dada o nome de Prudentópolis. Quase toda a cidade é composta de imigrantes e descendentes ucranianos, que conservam, até os dias atuais, suas tradições, tanto na culinária como nas suas festas, mantendo um corpo de dança cossaca famoso em todo o país. A cidade recebeu, também, imigrantes poloneses que encontraram, nela, a paz e a prosperidade. O casamento entre jovens das duas origens não era coisa rara, como se deu com os avós de Lourival.

Na infância, Kiçula observava o esmero em suas atividades não só dos pais bem como dos avós, quando os visitava em Prudentópolis. O avô paterno tinha um moinho em sua propriedade para moer o milho e vendê-lo como fubá. Ficava encantado com aquela roda d'água impulsionada pela água que caia em suas aletas fazendo-a girar acionando um mecanismo ligado a uma mó – pedra redonda pesada – que triturava e moía o milho, transformando os grãos em pó, denominado fubá, utilizado comumente na culinária e para fazer farinha de milho. O avô era caprichoso e mantinha seu moinho sempre limpo e bem conservado, fazendo questão de manter excelência na sua produção, tal qual Lourival percebia no trabalho do pai. Muito animado, seu avô Miguel explicava como funcionava o moinho, exaltando a engrenagem criada para a moagem, ensinando ao atento neto que era a força da água que fazia movimentar a roda, da mesma forma, dizia, que, em grandes represas, era essa força que movia as engrenagens das usinas para gerar a eletricidade, embora esta ainda não tivesse chegado onde ele morava. Observava suas avós nos trabalhos caseiros e comparava com os de sua mãe, notando que era o mesmo capricho e mesma faina, sempre no trabalho braçal. Apesar de todo trabalho desenvolvido para cuidar dos afazeres domésticos, sua avó paterna, Lydia, ainda reunia suficiente energia para preparar as delícias da cozinha ucraniana. Preparava o Khrin, que é uma conserva de raiz forte e beterraba;

o Pierogis, pasteis recheados com feijão preto ou batata e nata; o Borsch, sopa de beterraba com repolho e costela de porco defumada. Lourival gostava de passar a páscoa com seus avós paternos, pois todos ajudavam a preparar o Pêssankas, que eram ovos naturais pintados à mão.

Da mesma forma que acontecia com seus pais, notava a divisão de trabalho entre homem e mulher com os avós e os demais parentes que visitava na cidade.

Influenciado pelos pais e avós, Lourival sempre procurou se esmerar na execução do seu trabalho, tornando-a uma qualidade permanente.

O trabalho de um representante no interior do país era marcado pela solidão. As cidades eram relativamente pequenas, conservadoras, sem nenhuma atividade noturna durante a semana. Contribuiu para Lourival não se perturbar o fato de ter estudado por dois anos em um seminário Carmelita. Coroinha, aos 12 anos foi convidado pelo pároco da comunidade em que vivia a cursar em Itu, cidade do interior de São Paulo, o colégio mantido pela ordem para a formação de padres. Acostumou-se, nos dois anos que lá esteve, à vida de meditação, leituras e estudos da religião, de filosofia e do latim. Por isso, sentia-se à vontade isolado, solitário, no quarto de um hotel de simples acomodação, aproveitando o tempo para leituras e longas meditações sobre o trabalho realizado e os que enfrentaria nos dias subsequentes. Com disciplina mental, aguardava, também, as longas esperas para completar as ligações que fazia para o escritório em Curitiba para passar os pedidos fechados no dia anterior. Naqueles tempos, uma ligação interurbana demandava a espera por longas horas para ser completada. A ligação era pedida logo de manhã e se completava algumas horas depois, não antes de percorrer as conexões da central de uma cidade para a mais próxima, passando uma para a outra até atingir o destino, Curitiba. Disciplinado, Lourival esperava pacientemente o lento processo para falar com Glauco, dono da representação, que, por sua vez, esperaria algumas horas até poder passar, para a empresa em São Paulo, suas demandas.

Lourival acostumou-se a viver longe da família, mesmo depois de casado, em suas longas viagens pelo interior disciplinadamente e sem sentir demasiadas perturbações graças à experiência de ter vivido fora de casa por quase dois anos, na verdade tornando-se um morador de rua. Ao voltar, em férias do seminário, para visitar seus pais, foi impedido pelo pai de retornar para Itu, pois, com quatorze anos, estava na hora dele se empregar e ajudar no orçamento da família, como era esperado de todos os filhos, responsáveis pelo amparo à velhice dos progenitores. Lourival tinha como objetivo formar-se padre e dedicar-se aos estudos filosóficos e religiosos. Foi um impacto enorme a proibição do pai. Revoltado, rebelou-se e deixou seu lar, passando a viver nas ruas de Curitiba. Viveu, assim, por dois longos anos até se reconciliar com o pai. Mas a experiência deixou marcas, não só pela formação do caráter independente e calejado com as privações, bem como pela valorização que passou a devotar à família, a de seus pais e, principalmente, a que viria a constituir no futuro.

Lourival empregou-se, então, em uma loja de calçados no centro de Curitiba, exercendo a função de auxiliar, buscando no estoque os sapatos que os vendedores solicitavam e levando para a filial os modelos requisitados. Excelente observador, aprendia, na prática, o trabalho de um vendedor, criticando mentalmente o desempenho do profissional e valorizando os trabalhos bem executados. Sem ninguém da loja pedir, atendia um ou outro cliente que aguardava um vendedor se desocupar. Fez sucesso, pois, sabendo de cor e salteado a posição dos modelos no estoque, atendia ágil e eficientemente o cliente. Notado pelos donos da loja, foi promovido a vendedor, tornando-se um excelente profissional.

Este trabalho foi de extrema valia para sua vida, pois aprendeu a analisar as demandas do consumidor final e a maneira mais eficiente de convencê-lo e de realizar uma venda. Tanto foi bem-sucedido, que chamou a atenção de Glauco, que o convidou para o trabalho em sua representação.

Em uma época em que a formação de um profissional era no dia a dia, sem experiência acadêmica nem de treinamento nas empresas, Lourival foi forjado pelo processo empírico de tentativa e erro, contudo só agindo depois de longas e profundas observações e análises do comportamento do consumidor e dos lojistas, assim como do pensamento crítico sobre toda a logística da comercialização e distribuição dos produtos revolucionários que viriam a mudar a vida de todo ser humano. Isso fez toda a diferença.

O DONO DA QUITANDA COMPROU O SUPERMERCADO

— Muito bonito, Índio! Gastando meu dinheirinho!

Evódio Milton, entretido em colocar mais carne sobre a grelha da churrasqueira, não percebeu a aproximação de Sergio Prosdócimo e foi surpreendido pelo comentário bem-humorado, típico dele.

Apelidado de Índio por suas características físicas herdadas de sua mãe, indígena do oeste paranaense, e gerente de vendas da Climax para o estado do Paraná e Santa Catarina, Evódio, extrovertido e muito simpático, reunia todas as quintas-feiras no escritório da empresa, em Curitiba, lojistas e representantes do ramo de linha branca — fogões, geladeiras, lavadoras... — para um alegre e descontraído churrasco, promovendo uma integração social entre os protagonistas do setor, apesar de serem concorrentes. O objetivo era criar uma atmosfera de cordialidade, de ética e de lealdade aos princípios civilizados de uma concorrência saudável e de defesa dos interesses comuns.

Nessa quinta-feira, o clima acalorado das conversações era de surpresa e estupefação. A notícia tinha caído como uma bomba, não só na comunidade local bem como em todo o Brasil. No final de semana anterior, na televisão e em todos os jornais, foi anunciado um fato empresarial de suma relevância e raro acontecimento: a Refripar, detentora da marca Prosdócimo, grupo fabricante do ramo de produtos da linha branca, com sede em Curitiba, havia adquirido a Climax, gigante e pioneira do ramo no Brasil.

João Antonio Prosdócimo, conhecido como Joanin, havia fundado em 1949 a Refripar, uma, então, pequena indústria para fabricar refrigeradores. Pescador inveterado, organizava com amigos excursão para pescarias em piscosos rios do interior do Paraná. Para poder conservar os avantajados peixes que ele e os companheiros fisgavam, além de manter geladas as bebidas que levavam, engenhoso, adaptou uma geladeira, deixando-a na posição horizontal na carroceria do caminhão que utilizavam para levar as tralhas e os alimentos. Nasceu, assim, o primeiro freezer de porta superior no Brasil, alavancando as vendas da nascente empresa. Três anos após a morte de Joanin, em 1967, seu filho Sergio assumiu a direção da empresa, iniciando uma carreira empresarial de extraordinário sucesso.

A família Pereira Lopes foi pioneira, no Brasil, na industrialização da geladeira, no começo da década de 1940. Os seis irmãos que compunham a família – Ernesto, José, Olga, Otavio, Jandira e Mario – haviam recebido a herança do pai, o imigrante português Francisco Pereira Lopes, que resolveu distribuir, ainda em vida, o fruto de seu exitoso trabalho no Brasil, acumulado desde que chegou, sozinho e com doze anos, de Portugal. Mario, o irmão mais novo, habilidoso, havia montado em Pinheiros, bairro da cidade de São Paulo, uma pequena oficina onde montava e comercializava rádio e pequenos aparelhos elétricos. Ernesto, o mais velho, era médico com um consultório muito bem frequentado pela sociedade da cidade de São Carlos, interior do estado de São Paulo, para onde fora levado por um amigo assim que se formara, e estava envolvido na política da cidade. Frequentador das casas dos amigos abastados, notava as geladeiras importadas e ouvia os comentários dos que viajavam à Europa e aos Estados Unidos sobre o sucesso que o aparelho e os demais produtos elétricos recém inventados e lançados no comércio faziam. Com a fortuna recebida do pai, Ernesto convenceu os irmãos a investir na fabricação de geladeira, prevendo um grande sucesso, convencido da utilidade do aparelho e apostando que toda casa teria uma assim que começasse a ser produzida no Brasil, com um custo compatível, uma vez que as importadas só os ricos podiam comprar. Sugeriu que aproveitassem os conhecimentos já acumulados por Mario na lida com os motores elétricos e nas montagens dos produtos, estudariam um modelo a ser desenvolvido e, unidos, lançariam a primeira geladeira fabricada no Brasil. Batizaram sua marca de Climax e, tão bem-sucedida foi a experiência, em um ano, decidiram construir uma fábrica de proporções significativas para produzir milhares de unidades. Pelo trânsito que tinha na sociedade e na política de São Carlos, sugeriu, e os irmãos aceitaram, adotarem a cidade para a construção do parque fabril. A cidade, há décadas, possuía uma importante indústria têxtil, era próxima à cidade de São Paulo, 250 km, tinha boa eletrificação, com mão de obra capaz de assimilar os desafios de uma indústria de tal magnitude, além de ser servida por uma importante ferrovia, a Noroeste, que passava por Campinas, cidade de onde partia a ferrovia Mogiana ligando o norte do estado e o sudoeste de Minas Gerais, alcançando São Paulo, de onde partiam trens para o Rio de Janeiro, a Central do Brasil, para todo o sul do estado, a Sorocabana, e, ainda, através da Santos-Jundiaí, para a cidade e o porto de Santos. Além da vantagem da excelente logística de transporte para receber os componentes e enviar seus produtos finais, com baixo custo de frete, Ernesto, por suas amizades, relacionamentos e influências, conseguiu a aquisição de ampla área por preço reduzido e longo prazo para pagamento, além de incentivos de impostos junto à Prefeitura e Governo do Estado.

Pioneiros, enfrentaram a falta de estrutura industrial de fabricação de componentes. A espinha dorsal era o compressor elétrico, inicialmente não tendo outra solução a não ser importar. Os primeiros gabinetes eram, externamente, de madeira, com uma chapa de metal interna e um isolante composto de pasta de papelão entre as duas estruturas. O motor era instalado na parte superior do móvel.

O DONO DA QUITANDA COMPROU O SUPERMERCADO

O Brasil não tinha até o começo dos anos 1940 uma indústria siderúrgica. Com a pressão americana para que o Brasil entrasse na guerra ao seu lado contra as potências do Eixo, Getúlio Vargas negociou, com o presidente americano Roosevelt, a instalação de uma siderúrgica. Assim, o país entrou, com um século de atraso com relação aos grandes países industriais, na era da Segunda Revolução Industrial, inaugurando a CSN, Companhia Siderúrgica Nacional, estrategicamente instalada em Volta Redonda, entre o Rio de Janeiro e São Paulo, servida pela ferrovia Central do Brasil.

Concomitantemente, nascia, também, a Petrobras, para o refino e extração do petróleo. Com o craqueamento do viscoso líquido, nasceram as primeiras indústrias de plástico.

Com as primeiras chapas de aço saindo dos fornos da CSN, os gabinetes passaram a ser totalmente deste material e as divisões internas feitas por plásticos desenvolvidos nacionalmente. Os motores, inicialmente importados integralmente, gradativamente passaram a ser montados pela própria fábrica. Barateava-se o produto, alargando o mercado consumidor, apesar da baixa qualidade, comparativamente aos importados.

Nos primeiros anos, os motores aqui fabricados, além de judiados pelas constantes oscilações de tensão elétrica, como ainda eram mal produzidos, com materiais que não primavam pela excelência, longe disso, sofriam de superaquecimento, o que os fazia tremer a tal ponto, não só nas geladeiras bem como nas lavadoras e enceradeiras, que o conjunto saltitava, como um cavalo bravo incontrolável, deslocando-se pelo cômodo. Quem estivesse encerando o chão, quando isso acontecia, largava a enceradeira pulando feito louca e corria para a tomada para desligá-la. O mesmo acontecia com as lavadoras e geladeiras. Eram inevitáveis as piadas que corriam sobre os episódios. Uma falava que os nossos motores eram tão perfeitamente fabricados que, ao sofrerem um superaquecimento, saltitava com o fim de acionar um dispositivo para se autodesligar. Uma outra dizia que uma senhora procurou a empresa para reclamar que sua geladeira, estando ela ausente, saltitou tanto que se deslocou e encostou na porta da cozinha, impedindo sua entrada, recebendo a explicação que o problema dela era ter um fio elétrico muito comprido, se fosse mais curto o refrigerador pararia antes da porta.

Ernesto projetou-se na política, sendo eleito várias vezes deputado federal, ocupando a Presidência da Câmara e assumindo, interinamente, a Presidência da República em algumas ocasiões. Por sua atuação e influência, conseguiu a instalação de uma unidade da Universidade Federal em São Carlos, que, somado à já existente Universidade de São Paulo, garantia a formação de qualificados profissionais para atender a demanda das sociedades, das indústrias e das empresas que se estabeleciam e cresciam em toda a região.

A família Pereira Lopes, com competência, produzia centenas de milhares de geladeiras, firmando sua marca, a Climax, em todo o mercado. Na esteira da expansão de seus negócios, além de montar uma fábrica de tratores, a Companhia Brasileira de Tratores, adquiriu, em 1969, a Ibesa, Indústria Brasileira de Embalagem Sociedade Anônima, originalmente fabricante de tambores e recipientes de gás de cozinha, produtora de geladeiras com as marcas Ibesa e Gelomatic, iniciando o processo, no Brasil, de concentração de grandes indústrias do ramo. As instalações da Ibesa eram em enormes armazéns no bairro da Pompéia, na cidade de São Paulo, que, hoje, restaurados por projetos da famosa arquiteta Lina Bo Bardi, embelezam a paisagem arquitetônica da cidade e, tombados pelo Patrimônio Histórico, abrigam, atualmente, o SESC Pompéia.

As grandes concorrentes da Clímax eram a Brastemp e a Consul. Corriam por fora a Prosdócimo, a Bendix e a Springer.

A marca Brastemp, instalada em São Bernardo do Campo, na região do ABC, na grande São Paulo, foi fundada por dois irmãos bolivianos, radicados no Brasil: Hugo Miguel e Antonio Etchenique. Os primeiros negócios da família foram iniciados pelo pai, Miguel Etchenique, no ramo de automóveis, trazendo para o Brasil os veículos da americana Chrysler e, posteriormente, estabelecendo parceria com a alemã Volkswagen, abrindo a Sabrico, importantíssima revendedora. Com uma parceria tecnológica com a gigante americana Whirlpool, os irmãos garantem um primor de qualidade em seus produtos que se destacavam no comércio, ganhando a confiança dos cada vez mais exigentes consumidores de classe média e alta. Pela qualidade dos produtos e pela eficiência do marketing, Brastemp tornava-se sinônimo de excelência tecnológica.

A Consul - desde 1976 pertencente ao grupo Brasmotor, detentora da marca Brastemp - e a Climax disputavam o mercado de classe média e classe C, que entrava de maneira significativa no mercado graças ao amplo financiamento em carnês com 24 pagamentos mensais.

Consul, era uma marca nascida do empreendedorismo de dois jovens de Brusque, cidade do interior de Santa Catarina: Guilherme Holderegger e Rudolfo Stutzer. Os dois tinham uma oficina que prestava assistência técnica em qualquer produto elétrico. Um dia, receberam uma geladeira para ser reparada. Naturalmente, era um modelo importado, uma vez que não se tinha indústria no Brasil. Estávamos no começo da década de 1940. Os eficientes e curiosos rapazes destrincharam e estudaram todos os componentes e encontraram a solução para deixar novamente em funcionamento o precioso bem. Com isso, aprenderam como eram feitos esses aparelhos e se perguntaram: por que não fabricamos nossa geladeira? O desafio era enorme, pela dificuldade de conseguir os componentes e atingir eficiência para fabricar um produto de boa qualidade com preço inferior ao dos importados.

Rudolfo, além da sociedade na oficina, era motorista de Carlos Renaux, um magnata da industrial têxtil catarinense. Nascido na Alemanha, Karl Christian Renaux veio, aos 20 anos, para o Brasil em 1882, radicando-se em Brusque, uma cidade no meio de uma região com importante colonização alemã. Nacionalizando seu nome, Carlos foi pioneiro na indústria de fios e tecidos, implantando as primeiras fiações e teares manuais, introduzindo posteriormente os com motores a vapor, construindo um importantíssimo conjunto industrial, primando pela altíssima qualidade de seus produtos que, também, eram exportados. Recebeu o título de cônsul do Brasil em Arnhem, cidade da Holanda, passando a ser conhecido e chamado pelos conterrâneos catarinenses pelo nome do título: Consul.

Renaux, um pioneiro industrial, estimulava os jovens empreendedores da região, formando, para tal objetivo, a Fundação Cultural e Beneficente Consul Carlos Renaux.

Rudolfo, em uma das constantes viagens de Renaux, contou-lhe da experiência, sua e do sócio Guilherme, ao consertar a geladeira importada, detalhando os conhecimentos adquiridos e a determinação, dos dois, de fabricar um modelo próprio. Prontamente, vislumbrando um sucesso na iniciativa do rapaz, Consul garantiu-lhe recursos para o empreendimento.

Eufóricos com a ajuda, os jovens iniciaram a produção de seus primeiros aparelhos a que, carinhosamente, deram o nome de Consul, homenageando o patrono e incentivador.

Após a morte de Carlos Renaux, os dois jovens foram convencidos por um comerciante de Joinville, Wittich Freitag, a fundarem uma fábrica na cidade, com estrutura suficiente para abarcar uma indústria de porte e, logisticamente, mais bem localizada. Assim, os três formalizaram uma sociedade e a Consul iniciou sua produção em massa, ganhando o mercado das grandes cidades e firmando-se como um nome de peso no mercado. Contudo, enfraquecidos financeiramente pelo esforço da implantação de uma fábrica de compressores, a Embraco, os sócios decidiram vender, em 1976, o controle acionário de ambas as empresas à Brasmotor, holding que detinha a marca Brastemp.

Em 1982, a Prosdócimo era uma quarta força no ramo de linha branca, bem distante das três primeiras. Em razão disso, o impacto da aquisição da Pereira Lopes foi muito marcante, um lance de extrema audácia de Sergio Prosdócimo.

Evódio, gerente da Climax, foi, também, pego de surpresa, não tendo sido informado nem pelos seus diretores nem pelo amigo de longa data. De fato, os dois mantinham estreitas relações não só comerciais assim como fora do expediente, encontrando-se para longos bate-papos, muitas vezes frequentando o campo do Coritiba, time tradicional de futebol da cidade, do qual Sergio era um torcedor fanático. Índio, entendendo a magnitude do negócio, compreendeu, de ambas as partes, a necessidade das tratativas sigilosas, evitando qualquer vazamento, no que foram bem-sucedidos.

Depois de assistir pelo noticiário da televisão a divulgação das negociações, Evódio aguardava um contato por parte de Sergio, o que não aconteceu nos dias seguintes. Contudo, Índio tinha a certeza que ele compareceria ao churrasco, assíduo frequentador que era, deixando uma vodca especial bem geladinha à sua espera.

Após entrar sem ser percebido, esperando o momento mais adequado para provocar o amigo, causando um impacto maior, já com a piada na ponta da língua, uma vez que as despesas do evento eram pagas com as verbas assim destinadas pela direção da Climax, agora pertencente a ele, Sergio desarmou a expectativa do encontro, causando gargalhadas gerais dos presentes, em especial do próprio Evódio.

No meio dos efusivos, acalorados e alegres abraços e cumprimentos dos presentes, já servido de uma dose de vodca, Sergio puxou de lado o amigo e foi direto: "O que realmente estão todos comentando sobre o negócio?".

Sem pestanejar, causando uma sonora gargalhada de Sérgio, Evódio respondeu: "Estão dizendo que o dono da quitanda comprou o supermercado!".

OS PLANOS ECONÔMICOS

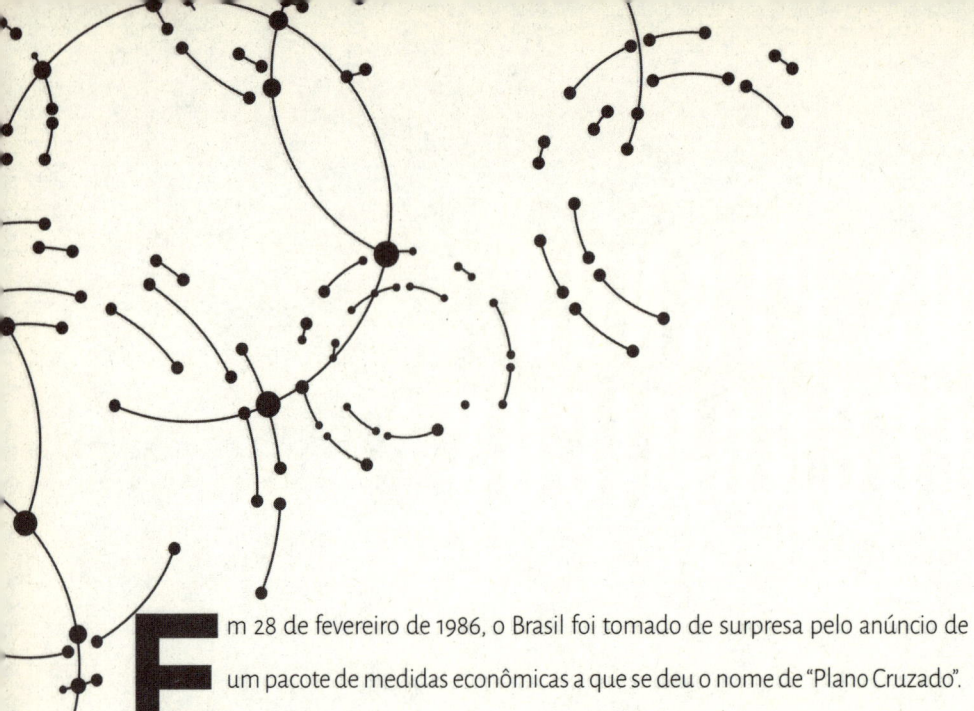

Em 28 de fevereiro de 1986, o Brasil foi tomado de surpresa pelo anúncio de um pacote de medidas econômicas a que se deu o nome de "Plano Cruzado".

Pela manhã, em cadeia de rádio e televisão, capitaneada pelo Ministro da Fazenda Dilson Funaro, a equipe econômica do Presidente da República José Sarney anunciou e detalhou as decisões aprovadas pelo governo, consubstanciadas no decreto-lei nº 2283, assinado no dia anterior.

Entre inúmeras medidas tomadas, destacavam-se: criação de uma nova moeda, o Cruzado, em substituição ao Cruzeiro, com paridade de um para mil; congelamento de preços em toda a cadeia produtiva e no produto final; definição dos salários pela média da inflação, mais um aumento de 8%; a criação de um desindexador para as obrigações futuras, a tablita, que expurgava dos valores a previsão de inflação embutida; previsão de punição, até prisão, para quem não cumprisse o congelamento e as medidas; nomeava qualquer cidadão como agente fiscalizador do plano, que ficaria conhecido, popularmente, como "fiscal do Sarney".

A adoção das medidas tinha como escopo principal quebrar a espinha dorsal da inflação.

Após a derrubada do Presidente da República João Goulart em 1964 e a tomada do poder pelos militares, assumindo a presidência o Marechal Castelo Branco, a equipe econômica tomou medidas que, ao longo do tempo, foram controlando a inflação e os gastos governamentais. Os arranjos no governo e na economia foram exitosos, permitindo um crescimento sustentável, incremento da industrialização, aumento da produção agrícola, que levou o país, já com o Ministério da Fazenda sob comando do economista Delfim Neto, ao que se convencionou chamar de "Milagre Brasileiro".

De fato, o Brasil crescia em porcentagens bem acima da média dos países de maior economia. Com bons salários, pleno emprego, inflação controlada, crédito ilimitado à disposição, a população consumia em grandes quantidades, permitindo a evolução das indústrias instaladas, a criação de novos parques fabris, a expansão do comércio e o progresso do agronegócio. Para atender e estimular a crescente movimentação de cargas, o governo investiu enormes quantias na infraestrutura rodoviária com abundantes financiamentos externos, o que, por sua vez, além de empregar milhares de trabalhadores para a tarefa, incrementava a produção de veículos de transporte, que, por sua vez, gerava emprego a mais trabalhadores.

A opção em concentrar os investimentos no transporte rodoviário e não no ferroviário era devido aos altos custos de implantação deste último e com execução mais lenta. Era necessário rapidez para atender a demanda de transporte em razão do enorme crescimento da economia. Contribuiu para a decisão o fato do preço do barril de petróleo, em produção mundial abundante, ser de baixíssimo custo e a produção de caminhões propiciar muito mais empregos.

Nos anos 1970, duas grandes crises abalaram a economia mundial, com graves reflexos no Brasil.

A primeira, no começo da década, foi a "Crise do Petróleo". Os países do Oriente Médio, grandes produtores da matéria prima, inconformados com o baixo preço, lideraram a formação de uma associação de produtores, a OPEP (Organização dos países exportadores de petróleo), em 1960. Em 1973, em retaliação ao apoio dos EUA à Israel durante a Guerra do Yom Kippur, os países árabes, em maioria na organização, convenceram os membros da OPEP a reduzirem a produção e aumentarem os preços, passando de 3 para 13 dólares o preço do barril. Foi um choque sentido no mundo todo e o Brasil, com o transporte de carga baseado essencialmente por caminhão, sofreu duras consequências. Por outro lado, com o forte aumento de liquidez nas mãos árabes, os empréstimos internacionais tornaram-se abundantes e com taxas bem reduzidas. Eram os petrodólares, aos quais todos os países necessitados tinham acesso fácil e ilimitado, sendo, até, incentivados a contrair mais dívidas. O governo brasileiro pôde, assim, aliviar em parte o aumento do petróleo, sustentar o crescimento econômico, aumentando, entretanto, o endividamento externo.

A segunda grande crise foi uma combinação de dois fatores: a crise política do Irã, com a queda do Xá Reza Pahlevi, que mantinha bom relacionamento com os EUA, e a tomada de poder pelos Aiatolás, líderes religiosos fundamentalistas, inimigos declarados dos americanos, provocou um desarranjo da produção petrolífera no país, acarretando um aumento caótico do preço do barril no mercado internacional, passando de 13 para 34 dólares. Naturalmente, o enorme aumento de preço causou uma grave crise econômica mundial, desestabilizando todos os países dependentes de petróleo importado. A situação geral agravou-se com a guerra entre Irã e Iraque de 1980 a 1988, prejudicando a produção do precioso líquido dos dois grandes produtores, gerando novas altas do preço do barril. Com o enfraquecimento das economias, principalmente dos mais vulneráveis, a desconfiança de que muitos quebrariam levou a um aumento considerável dos juros internacionais, movimento denominado "A crise dos Juros", agravando a economia mundial. O Brasil sentiu o golpe, obrigando o governo a tomar medidas radicais, desvalorizando o cruzeiro em relação ao dólar, aumentando as taxas de importações, promovendo racionamento e elevação dos preços dos combustíveis, proibindo, inclusive, a abertura dos postos de gasolina nos finais de semana.

OS PLANOS ECONÔMICOS

Essas crises econômicas mundiais, refletidas em nosso país, provocaram o desarranjo da economia, aumento da inflação, a estagnação dos negócios e o fim do governo militar.

Tancredo Neves foi o primeiro civil eleito, depois de 21 anos de ditadura, em eleições indiretas no Parlamento. Entretanto, nem chegou a tomar posse. Vitimado por uma crise de divirticulite, faleceu logo após, assumindo o governo seu vice, José Sarney.

O país parou na expectativa da recuperação ou não de Tancredo, que representava uma esperança de novos tempos democráticos e econômicos. Seu falecimento gerou uma depressão coletiva pela frustração das expectativas e pela confirmação de Sarney no governo, visto com desconfiança por todos os setores, tido como de direita, um verdadeiro coronel em sua terra, Maranhão. Os negócios entraram em compasso de espera, aguardando a definição dos rumos de seu governo e aonde levaria o país. A estagnação e a inflação tomaram conta, resultado do ceticismo geral e das incertezas quanto ao futuro.

A adoção do Plano Cruzado levou à um pânico inicial, com a adaptação de todos às novas medidas. Os negócios pararam, assimilando as novas regras. Os preços dos produtos, congelados pelo valor na data do decreto, ficaram desconectados, uma vez que cada empresa tinha seus reajustes em datas diferentes, deixando-os totalmente desalinhados na cadeia produtiva. Como não poderia haver aumentos, o comércio não tinha como adquirir os produtos, com preços dos fabricantes incompatíveis com os que praticavam naquela data. Por sua vez, as indústrias sofriam com o mesmo problema, pois os preços dos componentes estavam congelados em um valor que tornava inviável a venda pelo preço determinado na data do decreto.

Com o alinhamento dos salários pela média da inflação, mais os 8% de aumento real, com a folga no orçamento em decorrência dos descontos nas prestações pela aplicação da tablita, expurgando a inflação futura embutida, os consumidores, de uma hora para outra, ficaram com um alto poder aquisitivo, o que levou a uma explosão do consumo.

Se, por um lado, o fortalecimento da renda dos trabalhadores era um fator social relevante e benéfico, por outro, em decorrência do congelamento, criou-se uma crise sem precedentes de abastecimento, provocada pelo descompasso considerável dos preços de aquisição e dos de venda. Pela elevação do consumo, as lojas precisavam adquirir novos estoques, mas não podiam comprar pois não tinham margem para vender. Da mesma forma, a indústria ou tinha o produto, mas não conseguia encontrar quem os pudesse comprar, ou precisava produzir, mas os preços dos componentes eram incompatíveis com os de venda represados.

Para impedir qualquer aumento no varejo, sem condições de controlar os preços através de seus agentes, o governo incentivou a população a fiscalizar e denunciar os comerciantes, criando, assim, os chamados "Fiscais do Sarney". O povo, motivado pelo espírito patriótico da propaganda governamental, aderiu com alegria, vigor e, por que não dizer, ódio aos estabelecimentos comerciais, chamando as reportagens de televisão e autoridades policiais para mostrar um produto que tinha dois preços na prateleira. Toda noite, aparecia nos telejornais a imagem de um comerciante ou gerente de supermercado sendo preso e conduzido à delegacia, enquanto, ao redor, os clientes cantavam o Hino Nacional a pleno pulmões. O governo, para encobrir sua incompetência, satanizava o comércio como responsável de tudo de ruim que o país estava passando.

A loucura da inflação desmedida até então, levava às constantes remarcações de preços em decorrência dos aumentos dos preços nas fábricas, provocados pelo aumento das matérias primas e insumos, elevação do dólar e alta dos juros. Cada remessa de mercadoria que entrava no estabelecimento comercial chegava com preços bem acima do anterior, havendo necessidade de remarcar os produtos que ainda restavam nas gôndolas e bancas, alinhando com os que chegavam. Mesmo que não recebesse nova mercadoria, havia necessidade de remarcação em decorrência da inflação e para ter preço compatível com os de fábrica para manter o poder de compra. Mesmo assim, muitas vezes o preço de venda no varejo era mais barato que o preço de fábrica, descapitalizando o comerciante, que era surpreendido ao constatar que os resultados das vendas não davam para recompor o estoque, levando muitos à insolvência. Naquela época era obrigatório etiquetar cada unidade de produto exposta. Quando uma nova remessa chegava ao estabelecimento, era necessário reetiquetar as mercadorias existentes na loja, precisando pegar toda a mercadoria de uma gôndola de supermercado, ou de uma banca de uma loja, arrancar a etiqueta e colocar a nova. No corre-corre diário da atividade, com o fluxo de grandes quantidades de produtos chegando, fazia-se necessária uma equipe só para executar a tarefa. Era muito comum uma ou outra peça, por descuido ou por estar espalhada em outro local, ficar sem a remarcação, mantendo o preço antigo. Com o marketing do governo incutindo nas cabeças dos consumidores que o comerciante era o vilão da inflação, o povo, alimentado pela imprensa, principalmente a televisão, promovia uma guerra às maquininhas – as etiquetadoras do estabelecimento – fuçando nas gôndolas e bancas até encontrar um produto esquecido com o preço antigo, chamando a polícia, que levava o pobre coitado do gerente como um criminoso qualquer, xingado pela turba que queria seu minuto de fama nos telejornais. Ser comerciante ou ter um cargo de gerência em um estabelecimento comercial, principalmente os supermercados, eram atividades tensas e, até perigosas, por ter de enfrentar consumidores enfurecidos, até bem-intencionados, mas enganados e usados como massa de manobra de um poder que se assemelhava a uma ditadura, das piores possíveis, e insuflados por uma mídia ávida de sensacionalismo ou com viés anticapitalista.

O povo, com um poder de compra altíssimo, comprava de tudo, até mercadorias que antes não cogitava, como, por exemplo, rações para cães e gatos, produtos antes relegados a uma pequena prateleira, que tomavam conta, agora, de gôndolas inteiras, sendo necessárias reposições constantes. Era, também, um produto que o supermercado podia comprar, pois a maior parte dos produtos disponibilizados pelos fabricantes não era vendida na loja na data do congelamento.

Como o desabastecimento era geral, o povo querendo consumir, tinha muito dinheiro, encontrou-se uma brecha cobrando um ágio na venda dos produtos. Um exemplo marcante foi a carne. Os açougues não podendo repassar os aumentos de preços, vendiam para os clientes conhecidos as carnes nobres, como a picanha, com um sobre preço negociados ao pé de ouvido. Os frigoríficos não conseguindo vender a sua capacidade normal, diminuíram as compras de gado. Os pecuaristas, por sua vez, não tendo comprador pelo preço que achavam justo, preferiam manter o gado no pasto. O governo ameaçava com confisco do boi, tendo, até, um governador mandado a polícia retirar os bovinos de um pecuarista a preços congelados, que mais tarde ganharia na justiça o valor justo de seu bem.

O ágio espalhou-se por todo os lugares em que fosse possível uma negociação por debaixo dos panos. Uma grande empresa, como os enormes supermercados, não tinha condição de assim agir, ficando desabastecida por algum tempo.

Para fugir ao represamento do congelamento e precisando produzir e vender para manter a empresa e os trabalhadores, a indústria encontrou uma maneira criativa: o que acabou se chamando de "maquiagem". Os mesmos produtos eram acondicionados em novas embalagens, novos nomes, com diferentes quantidades, pesos ou volumes. O abastecimento, no que era possível a troca de embalagem e marca, se restabelecia. Onde essa medida era impossível de realizar a curto prazo, a prática do ágio continuou.

A pressão era grande para a equipe econômica aliviar o congelamento, permitindo algumas correções gritantes nos desalinhamentos provocados pela imposição do

OS PLANOS ECONÔMICOS

Plano Cruzado. O governo resistia espertamente pois, com índices de aprovação altíssimos junto à população, não queria tomar nenhuma medida impopular, visando a ganhar as eleições para governador e os legislativos estaduais, municipais e federal programadas para o mês de outubro. Para não desagradar aos empresários, afinal precisariam de dinheiro para a campanha, faziam vistas grossas para o ágio e para a maquiagem, aliviando a fiscalização e a propaganda para insuflar o consumidor.

De fato, os objetivos dos governantes foram alcançados. O MDB – hoje PMDB – partido do governo, ganhou todas as eleições para governador, com exceção de um, e constituiu a grande maioria em todas as casas legislativas, ganhando uma capilaridade que os manteria para sempre no poder, direta ou indiretamente.

Logo após o pleito, a equipe econômica editou o Plano Cruzado II, permitindo os aumentos, que, na prática, já estavam em vigor. Abrindo uma brecha no dique, a pressão era de tal forma que o rompeu, voltando a inflação e o descontrole geral. O plano Cruzado desmoronou junto com a credibilidade do governo Sarney, jamais recuperada.

O governo Sarney editou mais dois planos econômicos. O primeiro com o ministro da fazenda Luiz Carlos Bresser Pereira em 1987, com o nome de Plano Bresser, e o segundo com o ministro Maílson Ferreira da Nóbrega, chamado de Plano Verão, em 1989.

Após o retumbante fracasso do Plano Cruzado, as empresas, desconfiadas de que o governo, incompetente e populista, cairia na tentação de tomar novamente medidas drásticas de contenção da inflação através de congelamento de preços, vacinaram-se, tomando precauções para enfrentar as possíveis medidas, que acabaram sendo tomadas nos dois planos econômicos. Precificaram seus produtos com valores altíssimos, concedendo descontos nas negociações. Quando as autoridades adotaram o congelamento, nos dois planos, os preços engessados foram os da tabela sem o desconto, garantindo fôlego para sobreviver, por um período, sem descontinuidade de produção. Por outro lado, embutiram nas vendas a prazo um cálculo de inflação bem mais alta, acima dos índices previstos, garantindo a preservação de seus capitais nos descontos a que seriam obrigados a conceder.

Sem credibilidade, o governo não conseguia mobilizar os "Fiscais do Sarney" na mesma proporção do Plano Cruzado, apesar das ações policiais midiáticas e o estímulo à delação dos funcionários contra os patrões.

Os planos criaram muitos conflitos entre os agentes econômicos, pois quem tinha a receber não queria descontar os índices que os planos determinavam e quem tinha a pagar batia o pé para garantir seus direitos.

O governo federal e os estaduais não faziam sua parte de cortar os gastos e enxugar a máquina burocrática. Para compensar a queda de arrecadação, pela estagnação da economia, socorriam-se a empréstimos no mercado ou sugando os bancos estatais, levando muitos à situação de insolvência.

A demanda por dinheiro e a desconfiança geral elevavam os juros à estratosfera. Negociavam-se empréstimos por um dia no Overnight com taxas inacreditáveis de mais de 3% AO DIA.

O mercado financeiro internacional, temendo novos calotes - o governo já tinha decretado moratória em 1987 – cortava as linhas de crédito ao país, aumentando a asfixia.

O desarranjo geral, a falta de credibilidade do governo Sarney e dos políticos em geral, a desconfiança de uma quebradeira elevada, com cada um procurando meios de sobreviver e de se proteger, elevaram a inflação a índices jamais imaginados, chegando, nos meses finais do mandato de José Sarney, à incrível marca de 80% AO MÊS.

Ao tomar posse em 15 de março de 1990, o novo presidente, Fernando Collor de Mello, com sua ministra Zélia Cardoso de Mello, lançou um novo plano econômico, o "Plano Collor", que, entre outras medidas, decretou congelamento de

OS PLANOS ECONÔMICOS

preços e salários e o inacreditável confisco dos depósitos bancários e das aplicações financeiras, incluindo a caderneta de poupança, por um período de 18 meses, liberando apenas uma pequena quantia para cada um. Tomados de surpresa pela surreal medida, todo mundo ficou sem dinheiro e os negócios paralisaram.

Porém não demorou muito a determinação de levar adiante o que havia sido planejado. Pressionado, o governo permitiu alguns reajustes de preços, que fizeram com que perdesse a credibilidade e os preços dispararam. Com denúncias de corrupção, até de seu irmão Pedro Collor, o presidente Fernando Collor sofreu um processo de impeachment e renunciou em 29 de dezembro de 1992.

O sucessor, o vice-presidente Itamar Franco, através da equipe do ministro da fazenda Fernando Henrique Cardoso, adotou, em 27 de fevereiro de 1994, o "Plano Real". Sem congelamento e levado com seriedade e determinação política, as medidas adotadas puseram fim à inflação galopante e as incertezas econômicas, acompanhadas de uma inesperada estabilidade política com a eleição de FHC, Fernando Henrique Cardoso, para presidente nas eleições seguintes.

Nas décadas de 1970 e 1980, avançando para o começo nos anos 1990, o Brasil passou de um período de milagre econômico – o ministro Delfim Neto dizia que não era milagre, pois este era efeito sem causa, e que o crescimento acelerado era fruto das medidas adotadas desde que os militares assumiram o poder – a uma fase de inferno econômico. A década de 1980 é tida por muitos como uma década perdida. As idas e vindas dos planos adotados, não acompanhadas da ação política necessária para seus sucessos, puseram em polvorosa o meio empresarial e o povo em geral. Não se sabia exatamente o que fazer, uma vez que todas as referências ficaram distorcidas. Até um simples cafezinho em um bar da esquina tinha preços díspares, com enorme diferença entre um estabelecimento e outro, a tal ponto que não se sabia se o que estava sendo pago era justo ou não, e, na realidade, ninguém se lembrava direito do preço anteriormente pago, pois as alterações eram diárias e, muitas vezes, mais de uma vez por dia. Imagine-se todos os produtos do mercado tendo o mesmo comportamento. Ninguém sabia ao certo se estava ganhando ou perdendo dinheiro. As empresas capitalizadas ganhavam muito mais no mercado financeiro, com juros que chegavam a mais de 3% ao dia no overnight, do que no resultado das vendas de seus produtos, tanto que o cargo mais bem remunerado era o de gerente ou o de diretor financeiro. As empresas endividadas afundavam-se no caótico cenário, muitas quebraram no período ou se arrastaram para quebrar mais adiante, e muitos empresários decidiram ou foram impelidos a vender suas empresas, sem fôlego ou desencantados com a situação, contribuindo o fato mundial do crescimento do movimento de globalização econômica e as empresas internacionais, bem capitalizadas, encontravam no Brasil ativos importantes a preços de liquidação.

É muito importante lembrar-se ou, para quem não passou pelo cenário, ficar sabendo do período de inflação descontrolada e das medidas estapafúrdias que causaram sofrimentos, angústias e incertezas para todo mundo.

A inflação é um mal que se deve combater sempre, mesmo que cause algum sofrimento, pois seu descontrole, muito pior, é um câncer que se alastra irremediavelmente. Ela só interessa a políticos mal-intencionados como meio para solucionar os problemas no curto prazo – alguns acham, até, que a inflação é benéfica para a economia. O problema é que uma vez perdido seu controle, ela se descarrilha, levando consigo para o abismo toda a população.

As lições do passado, que causaram tanto sofrimento, devem ser permanentemente lembradas e estudadas.

O EXECUTIVO

– Índio, sobe aqui.

Final da tarde, terminando o expediente exaustivo do dia, Evódio, então gerente comercial da Clímax, atendeu o telefone interno e ouviu o pedido de Sergio Prosdócimo. Sua sala ficava no andar abaixo da presidência e, quando Sergio precisava se reunir com ele, era dessa forma que pedia, chamando-o afetuosamente por Índio.

Já com um copo preenchido por uma dose de vodca, sua predileção, sentado em uma das poltronas do escritório, Sergio pediu para Evódio ocupar a outra, bem ao lado, iniciando uma conversa séria, embora de forma descontraída.

- O que você acha da situação da Climax? – disparou Sergio, entrando diretamente no assunto, sem rodeios, que queria discutir.

O ano era 1986, em plena vigência do "Plano Cruzado", e a Climax, como todas as empresas, enfrentavam o ambiente caótico de congelamento de preços, as perdas com os descontos impostos pelo governo no recebimento das duplicatas, a agitação do consumidor - com dinheiro em decorrência das correções dos salários mais os 8% de aumento real e aliviados pela diminuição das dívidas em razão dos descontos referentes ao expurgo da inflação embutida - querendo comprar, mas as lojas, desabastecidas, não tendo como repor o estoque, por não terem margem para vender pagando o preço da tabela da fábrica, que, por sua vez, não podia dar nenhum desconto pois, ela mesma, não teria como repor os componentes, com preços engessados em uma patamar que seria inviável produzir e vender sem agregar os novos valores. A própria indústria de componentes e os itens que dependiam de importação, sem margem para a compra das matérias primas ou importar pagando pelo dólar cotado em um alto patamar, sofriam com suas tabelas de preços inviáveis para seus compradores, incompatíveis com a proibição de mexer nos preços.

- Sergio, você está pegando todo dia um caminhão de dinheiro e jogando pela janela – Índio foi direto na ferida, sem dourar a pílula.

- Concordo. Estou pensando em trazer o Lourival Kiçula para a diretoria comercial e controlar a fábrica, diretamente, em São Carlos. O que você acha? – indagou Sergio, mas já com a decisão tomada e com a certeza de qual seria a resposta.

- É a decisão correta. Mas, se eu conheço o Lourival, ele só aceitará se você injetar um bom dinheiro na empresa – argumentou Evódio, que conhecia muito bem Kiçula, pois este o tinha levado a trabalhar em sua representação comercial.

- Já pensei nisso também. A Tecumseh vai me emprestar cinco milhões de dólares – anunciou Sergio.

A Tecumseh era uma grande fabricante de compressores nos EUA. A parceria com a Clímax era estratégica, uma vez que os dois principais concorrentes, a Brastemp e a Consul, tinham seus motores fabricados pela Embraco, empresa fundada pelos antigos proprietários da Consul, que venderam ambas as empresas para o grupo Brasmotor, controlador da Brastemp. Em 1972, a Tecumseh tinha comprado a Sicom, empresa fabricante de motores do grupo Pereira Lopes, da cidade de São Carlos, instalando-se definitivamente no Brasil.

Com o aporte financeiro da Tecumseh, Sergio garantiria a saúde financeira da Climax ao mesmo tempo que estreitava o relacionamento com o principal fabricante de motores do mundo, garantindo a qualidade do principal componente dos refrigeradores e das lavadoras.

Resolvidos os fundamentais problemas, financeiro e fornecimento de motores de qualidade, Sergio Prosdócimo precisava encontrar o executivo certo para as operações da empresa. Audacioso empreendedor, Sergio compreendeu que o estágio atingido pela industrialização no Brasil requeria uma administração moderna, com pessoas com perfis desenvolvidos para enfrentar a complexidade que os negócios, em um mercado dinâmico e cada vez mais sofisticado, exigiam. Não bastava mais a voluntariedade, a visão e o arrojo de um empreendedor. A modernidade requeria profissionais com expertise suficiente para atuar em um ambiente complexo que a economia do Brasil se encontrava. Empreendedor e executivo precisavam andar juntos na condução das grandes corporações. Se de um lado a intrepidez, o atrevimento e o faro de um empresário são fundamentais para a construção de um grande empreendimento, por outro os conhecimentos sobre o funcionamento das engrenagens de que são constituídas as empresas, aliados à habilidade e ao espírito de liderança necessários para administrar e conduzir um grupo de pessoas, somados à coragem e à determinação de enfrentar o dia a dia de uma competição feroz, agregados ao entendimento e à percepção do comportamento do mercado em que atua, faz do executivo peça fundamental para o sucesso e crescimento de uma grande empresa. Nem sempre os atributos de ambos são incorporados em uma mesma pessoa quando a empresa adquire a complexidade de um patamar de desenvolvimento importante. Um grande empreendedor, em geral, não tem a paciência e o tempo para a morosidade burocrática do dia a dia de uma firma. Ele atua no macro, na visão geral da empresa dentro do mercado e no balizamento dos rumos a serem trilhados. O executivo se volta para o micro, para as atividades rotineiras, implementando o planejado, administrando as tarefas que fazem uma empresa caminhar, conduzindo-a aos objetivos almejados. Atuando em consonância com o mercado, o bom profissional tem que ter o feeling para detectar o sentimento geral dos negócios e propor as estratégias e táticas de ações para o bom desempenho e alcançar os objetivos.

Prosdócimo, ao escolher Kiçula, levou em consideração alguns pontos. Conhecia o desempenho dele desde 1970, quando Lourival assumiu a gerência de vendas da Brastemp em Curitiba.

Lourival, se desenvolveu profissionalmente no ramo trabalhando como vendedor no interior do Paraná e Santa Catarina, tendo a oportunidade de desbravar um mercado virgem para os modernos produtos que a industrialização do Brasil tornava possível. Em seguida, em 1968, trabalhou como vendedor da Brastemp em São Paulo, que lhe permitiu, primeiro, trabalhar com produtos e uma marca que primavam pela alta qualidade e em uma empresa que se destacava pela excelência em organização, segundo, conhecer o mercado mais importante do país em um momento em que o "Milagre Brasileiro" do final da década atingia seu auge e o consumidor se sofisticava, familiarizado com os novos produtos, sabendo reconhecer, e exigir, produtos de primeira qualidade.

Pelo seu sucesso como vendedor no maior centro comercial do Brasil, Lourival foi conduzido à gerência da Brastemp em Curitiba.

Por sua experiência e capacidade de trabalho, Lourival montou, em 1972, um escritório de representação de produtos eletrodomésticos, vendendo geladeiras e lavadoras Clímax e os eletroportáteis Arno, empresas que se firmavam e se expandiam. Excelente profissional, Kiçula recebeu, em 1975, uma proposta irrecusável para gerenciar a Clímax no outro grande mercado brasileiro: Rio de Janeiro e Espírito Santo.

Por problemas de saúde dos filhos, Lourival retornou à Curitiba para representar a Telefunken, o que lhe deu a oportunidade de se aprofundar no segmento da linha marrom: televisão, rádio e fonógrafos.

Sempre assediado pela competência em vendas, Lourival recebeu uma nova proposta para retornar ao Rio, agora, como gerente de vendas da Arno. Resolvido os problemas dos filhos, mudou-se novamente para a cidade maravilhosa em 1982.

Profundo conhecedor dos dois maiores mercados brasileiros, São Paulo e Rio de Janeiro, com larga experiência e conhecimento do comportamento do consumidor no interior do país, que se desenvolvia exponencialmente graças à agroindústria e ao comércio, com livre trânsito com todos os players lojistas especializados nos produtos de utilidades domésticas, Lourival foi lembrado por Sergio Prosdócimo para a Diretoria Comercial da Clímax, também, pela relação que mantinham, tanto profissional quanto de amizade.

Kiçula mudou-se com a família para São Carlos, sede da indústria, em 1986.

Imediatamente, Lourival alterou os designs dos modelos comercializados e lançou uma geladeira um pouco menor, conseguindo, com as medidas, driblar o congelamento de preços determinado pelo "Plano Cruzado". As modificações introduzidas e a novidade da geladeira um pouco mais compacta foram um grande sucesso, alavancando rapidamente as vendas, estabilizando as finanças da empresa.

- Uiti uistinrause! Que merda é essa?

Ao ler um memorando que recebera de Lourival, Sergio ligou imediatamente para esclarecer seu conteúdo, manifestando desta forma sua estranheza.

- Sergio! É uait uestinrause! Como está escrito aí, White Westinghouse é uma marca famosíssima nos Estados Unidos de produtos de alta qualidade da linha branca.

A proposta de Kiçula era de desenvolver uma linha top de geladeiras e lavadoras para disputar com a Brastemp o mercado consumidor de alto poder aquisitivo, melhorando a rentabilidade da empresa com novos produtos que permitiam uma margem de lucro maior. Com a linha Climax, a empresa disputava com a Consul o mercado de classe média. Ao lançar uma geladeira de menor tamanho, ganhavam o segmento de classe C. Desta forma, atuariam em todos os segmentos, otimizando a produção, crescendo o faturamento e aumentando a lucratividade, como de fato acabou acontecendo.

A parceria com a White Westinghouse consistiria em pagar exclusivamente licenciamento para o uso da marca e dos modelos, consagrados mundialmente, sem participação societária, com o compromisso de manter os padrões exigidos para o uso do nome.

A estratégia mostrou-se acertada, com a Climax apresentando um enorme crescimento de sua participação no mercado.

A união entre o audacioso empreendedor com o executivo experiente, profundo conhecedor do mercado consumidor, criativo, eficiente administrador, respeitado pelos revendedores e por sua equipe de vendas, foi um valoroso case de sucesso no mercado, exemplo importante da união e sintonia de dois espíritos de liderança distintos e diferenciados que se completavam na condução de uma empresa. O trabalho em conjunto, complementar e respeitoso, estreitou a profunda amizade e a admiração mútua que Sérgio Prosdócimo e Lourival Kiçula nutriam e conservaram até a morte daquele, em 2018.

A INDUSTRIALIZAÇÃO NO BRASIL

Enquanto Europa e Estados Unidos se industrializavam, a partir do século XVIII, o Brasil não fazia nenhum movimento nesse sentido, primeiro por estratégia de Portugal, mantendo a colônia totalmente dependente da metrópole, um mercado cativo e fornecedor de produtos agrícolas – pau-brasil e açúcar da cana - e metais preciosos, depois, por falta de interesse e apetite da classe dominante nos tempos do Império, assentada na agricultura de monocultura – produzindo em latifúndios a cana de açúcar e o café – e no comércio – exportando a produção agrícola e importando o que o mercado exigia.

Desde a descoberta do Brasil, a monarquia portuguesa tratou de sugar tudo o que fosse possível e impedia qualquer tentativa de se instalar indústrias, permitindo apenas o fabrico de tecidos grosseiros para os escravos. Todos os bens e equipamentos necessários eram importados da matriz. A Coroa portuguesa não permitia qualquer comércio com outros países, consentindo apenas que os ingleses participassem a partir de 1808, com a vinda da Corte Portuguesa para o Brasil, fugidos da invasão de Napoleão ao território português, como retribuição à proteção e o transporte pelos navios que Londres forneceu para a fuga e travessia do Atlântico.

A Inglaterra exercia uma influência imensa sobre Portugal, que era totalmente dependente da ação de Londres. Com seu território ocupado, a corte portuguesa isolou-se no Rio de Janeiro. Em realidade, já vinha de muitas décadas a submissão de Lisboa ao poder econômico e militar dos ingleses. Com uma nobreza perdulária e inepta, Portugal dependia de empréstimos para sua manutenção e para a exploração de suas colônias. Boa parte do ouro garimpado nos veios auríferos brasileiros ia parar nos cofres ingleses, como pagamentos de juros. A própria produção de qualidade dos vinhos lusitanos era vendida a preços ínfimos para os britânicos, que, por sua vez, vendiam caro os bens que produziam. Os ingleses obstavam, também, a entrada de Portugal, e, consequentemente, o Brasil e demais colônias portuguesas, na promissora fase da Primeira Revolução Industrial, mantendo-os totalmente dependentes da indústria inglesa. Em 1808, transportando em segurança a Corte Portuguesa para o Brasil, dando total suporte militar para proteção e defesa do país, a Inglaterra cobrou o preço exigindo a abertura dos portos brasileiros de tal forma que só os produtos britânicos tinham condições de serem importados.

Mesmo com a independência de Portugal, o Brasil não se livrou da influência de Londres. Precisando do reconhecimento e proteção internacionais, ficou o país à mercê dos interesses da Inglaterra.

A expansão cafeeira do século XIX permitiu a formação de uma elite econômica, principalmente em São Paulo, com um amplo território composto de solo propício para o plantio do precioso ouro negro. A agricultura era assentada em latifúndios, na monocultura e com a mão de obra escrava. As cidades não tinham muita importância, pois a vida era essencialmente rural. Excluindo o Rio de Janeiro, sede da Monarquia, as demais eram pequenas e pouco habitadas. A cidade de São Paulo era um mero ponto de parada das caravanas de mulas que levavam o café para o porto de Santos e de lá traziam os instrumentos e demais bens necessários à agricultura, ao garimpo e para o uso pessoal. Desta forma, tínhamos um mercado consumidor irrelevante que, tirando os Barões do Café, os ricos exportadores da rubiácea e importadores dos bens necessários, a Corte Imperial, uma pequena parcela de comerciantes e de alguns profissionais urbanos, não tinha nenhuma sofisticação nem capacidade financeira.

No último quarto do século XIX, com as restrições ao mercado de escravo, culminando com a abolição da escravatura em 1888, contingentes de imigrantes começaram a chegar ao Brasil, aumentando, ainda que timidamente, o mercado nacional. Nesse período, um acaso provocou um surto de crescimento na cidade de São Paulo. Uma grande parte dos barões do café, com suas fazendas no centro e norte do estado de São Paulo, mantinha suas famílias na cidade de Campinas. Na década de 1880, um surto de febre amarela tomou conta da cidade. O mesmo aconteceu com a cidade de Santos, onde moravam as famílias dos riquíssimos comerciantes exportadores e importadores. São Paulo, equidistante das duas principais cidades paulistas, não sofreu ataque da doença, o que levou, tanto os cafeicultores campinenses como os negociantes santistas, a buscarem refúgio na cidade. A chegada das famílias endinheiradas na modesta cidade provocou um alvoroço de construções residenciais para abrigar a todos. Acostumados a seus casarões nas fazendas ou nas cidades, os novos moradores construíam palacetes e mansões no pequeno espaço triangular no alto de um planalto, onde, em 1554, o jesuíta Manoel da Nóbrega, com seu auxiliar Anchieta, ergueram uma modesta construção que servia de igreja e alojamento, com o intuito de catequisar o enorme contingente de índios que habitavam a região. Orgulhosos, os milionários competiam entre si para alcançarem a glória de ter o mais bonito, mais amplo e luxuoso palacete. Sem mão de obra especializada, foram obrigados a trazer da Europa famílias de artesões especializadas em construções. Na esteira da instalação desses novos e ricos moradores, a cidade atraía migrantes de todos os quadrantes, principalmente do exterior, para atender não só às demandas dos sofisticados novos habitantes bem como às necessidades desse novo e crescente segmento de trabalhadores. São Paulo crescia vertiginosamente, atraindo mais migrantes, agora não só trabalhadores em geral, bem como empreendedores, com ou sem dinheiro, que buscavam uma oportunidade de negócios no comércio ou no ramo industrial.

Dessa maneira, nasceram em São Paulo, indústrias de alimentos e têxteis para atender as demandas primárias do crescente e febril mercado, além de formar um espírito empreendedor que caracterizaria o paulista.

O estado de São Paulo já tinha uma importância significativa na economia do país no século XIX graças ao café. Os grandes fazendeiros bandeirantes acumularam enorme capital a tal ponto que financiaram a instalação de uma importante ferrovia em meados do século: a Santos-Jundiaí. Construída e operada pelos ingleses, os trens da São Paulo Railway ligavam o centro do estado, captando toda a produção cafeeira, ao porto de Santos, onde era exportada a riqueza negra. Tinham enorme participação econômica, mas nenhuma política, dominada pela Monarquia instalada na cidade do Rio de Janeiro. Insatisfeitos em pagar impostos para sustentar uma corte ociosa e inoperante, fundaram o Partido Republicano na Convenção de Itu, cidade do interior paulista, em 1873. O movimento obteve sucesso derrubando a Monarquia em 1889. A partir de então, a elite paulista passou a ter, além do poder econômico, o poder político.

O espírito empreendedor dos paulistas nasceu com os bandeirantes no século XVII demandando o interior do Brasil em busca do ouro, pedras preciosas e mão de obra escrava indígena. Descobriram os metais, mas pouco proveito tiveram pois foram expulsos do principal veio aurífero, o de Ouro Preto. A riqueza paulista começou a ser formada e sedimentada no estado com o café no século XIX e, com ela, propiciou a industrialização no começo do século XX, com seus próprios investimentos e pela atração de empreendedores e capitais estrangeiros no surto de crescimento da cidade de São Paulo.

A eletrificação no Brasil começou a ganhar corpo com a criação em 1899 da São Paulo Light, companhia canadense que começava a operar em solo paulista. Logo depois a mesma companhia formou a Rio de Janeiro Light. Algumas outras pequenas iniciativas começaram em algumas cidades, embora timidamente. A partir da iluminação nos dois principais centros do país, o Brasil começou a entrar, efetivamente, na era dos elétrons.

A cidade de São Paulo do século XIX era bem provinciana, com casas simples, com um ou outro casarão, algumas igrejas modestas e o prédio da Faculdade de Direito do Largo São Francisco. Com a chegada dos barões do café e os comerciantes santistas no final do século, a cidade adquiriu uma feição europeia com as construções dos palacetes, de alguns prédios públicos, do teatro municipal e os primeiros grandes prédios, sendo o maior deles o Edifício Martinelli, todos com projetos arquitetônicos do Velho Continente. Os bens de consumo e para os lares eram totalmente importados da Europa. A arte brasileira era completamente inspirada nos artistas europeus. A cidade do Rio de Janeiro, marcada pela chegada da Corte Portuguesa no começo do século e pela Monarquia dos dois Pedros, vivendo aqui como se viveria em Lisboa, tinha o ar, embora modesta, de uma cidade europeia.

São Paulo, a cidade, teve um novo surto de crescimento com a eclosão da Primeira Guerra Mundial, em 1914. Novos contingentes de imigrantes europeus, fugidos da guerra, se refugiaram na cidade, aumentando enormemente a população, ampliando o mercado consumidor. Muitos dos que chegaram tinham know how na produção de bens. Financiados em boa parte com o capital acumulado dos cafeicultores, reunido em alguns bancos que já formavam um importante mercado financeiro centralizado nas ruas Boa Vista e XV de Novembro, esses empreendedores transformaram-se, rapidamente, em grandes capitães de indústria, estabelecendo enormes fábricas de tecidos e de alimentos, com suas altas chaminés mudando a paisagem da cidade, ao mesmo tempo que suas fumaças começavam a apagar as estrelas. A cidade, para acomodar seus recém-chegados moradores, espalhava-se pelas várzeas e campos, formando novos bairros distantes do centro, que, por usa vez, se deteriorava pela proliferação de lojas e escritórios, expulsando a elite de seus palacetes, que buscou lugares mais aprazíveis como Higienópolis e, o suprassumo, a recém traçada Avenida Paulista para construir suas enormes e luxuosas mansões.

Com a eletrificação, os bondes tomaram conta da cidade, transportando contingentes de trabalhadores que faziam enormes filas na espera da condução e viajavam em bondes lotados, iniciando os problemas de transporte públicos, jamais devidamente resolvidos.

Interrompido o comércio com a Europa devido à guerra, as atenções começaram a se voltar para os Estados Unidos, onde os importadores encontraram grandes e modernas indústrias produzindo enormes quantidades e variedades de bens, que, se não tinham a mesma qualidade europeia, eram bem mais baratos, além de muitos serem inovadores, movidos à eletricidade, que prometiam revolucionar a vida das donas de casa, facilitando seus trabalhos e proporcionando maior conforto para os lares. Os empresários brasileiros observaram, também, a revolução do método de produção em massa, desenvolvido por Henry Ford para produzir seu famoso carro "Modelo T", iniciando o que se convencionou denominar de "Linha de Montagem", aumentando a velocidade e a eficiência de produção, resultando em milhares de produtos acabados por dia.

O impacto do contágio com os americanos foi tamanho que mudou o conceito de negócios, adotando-se a praticidade do modo americano, modernizando a técnica administrativa e introduzindo a produção em série. Os novos prédios construídos abandonaram a arquitetura clássica europeia e adotaram o estilo americano, não tão bonitos, embora mais práticos. Aos poucos, a paisagem urbana paulistana foi se metamorfoseando de tal sorte que, no final da década de 1930, a elite empresarial orgulhava-se de ser São Paulo a mais novayorquina das cidades da América do Sul.

Se a indústria têxtil levou mais de um século para ser introduzida no Brasil, bem como a siderurgia e o refino do petróleo, a eletrificação levou poucas décadas para ser implementada em São Paulo e no Rio de Janeiro e em algumas outras cidades. Com isso, algumas empresas americanas, que se agigantavam e começavam seus movimentos de expansão para o exterior, bem como outras europeias após superarem o trauma da guerra, instalaram-se em São Paulo para a produção de lâmpadas e materiais elétricos, substituindo as importações dos produtos e aproveitando a rápida expansão deste mercado com o crescimento acelerado da cidade.

Intensificando os negócios com os EUA, os importadores brasileiros traziam os novos produtos inventados e desenvolvidos para o lar, os quais utilizavam a energia elétrica, substituindo a força humana. Esses modernos e revolucionários aparelhos chegavam aos lares brasileiros, atingindo, entretanto, somente a elite e os melhores situados na crescente classe média.

Motivados pela aceitação rápida em todas as camadas da população americana dos revolucionários produtos elétricos, pelo crescente surto econômico e urbano de São Paulo, acompanhado pelo desenvolvimento, embora modestos, de outros centros, uma geração de empreendedores, imigrantes ou seus descendentes, vislumbrou um enorme filão de realizações empresariais. Nasciam os pioneiros da indústria de utilidades domésticas movidas à eletricidade, de aparelhos eletroportáteis e eletroeletrônicos, os quais, fabricados nacionalmente, teriam preços acessíveis à grande maioria da população. Eram os primeiros passos do Brasil, como produtor de bens, na Segunda Revolução Industrial.

OS PIONEIROS

Os agrupamentos humanos sempre contaram com empreendedores que buscavam soluções para uma melhor condição de vida. Assim foram os líderes que conduziram suas comunidades para terras longínquas, a partir da África, e povoaram o mundo, sempre tendo em vista um ambiente melhor para se viver e, naturalmente, seguindo o espírito inquieto de se aventurar para descobrir novas fronteiras e conhecimentos.

Ao longo dos milênios, o engenho humano desenvolveu instrumentos e equipamentos que o auxiliam na lida da vida. Assim aprendeu a construir casas sólidas e dotá-las de apetrechos que utiliza para as tarefas quotidianas e lhe traz conforto. Para isso, contou com o empenho de pessoas criativas e com espírito empreendedor para desenvolver novos aparelhos ou aperfeiçoá-los, buscando produzir em quantidade para uso de um número crescente de consumidores.

A II Revolução Industrial propiciou um ambiente de enorme criatividade para invenção de inúmeros produtos e aberturas de uma miríade de empresas. Os pioneiros da indústria eletroeletrônica começaram em pequenos galpões, ou mesmo em suas próprias casas, a criar e produzir aparelhos simples aplicando a nova tecnologia da eletricidade. Assim nasceram os primeiros ferros elétricos, enceradeiras, aspiradores, liquidificadores, batedeiras, espremedores de frutas, torradeiras, fornos elétricos...

Mesmo o rádio, assim que descoberto, passou a ser fabricado de maneira simples por pequenos montadores em oficinas minúsculas, contando apenas com seu trabalho ou com ajuda de um ou outro auxiliar.

Na medida em que crescia o interesse da sociedade por essas novas criações, as microempresas ganharam corpo e viraram grandes indústrias. Assim foi nos Estados Unidos e Europa. Com atraso de algumas décadas, os empreendedores brasileiros, fascinados com o que acontecia nos países desenvolvidos, aventuraram-se nessas novas oportunidades. Da mesma forma, começaram pequenos, na grande maioria, em minúsculos estabelecimentos, ganhando musculatura na medida em que os crescimentos econômico e populacional propiciavam a formação de um mercado consumidor importante.

Ao longo do tempo, inúmeras empresas foram criadas no mundo. Muitas sucumbiram no caminho: por problemas financeiros; ambiente de economia desfavorável; problemas administrativos; pelos falecimentos dos empreendedores iniciais; e por seleção natural, onde os mais fortes dominaram e asfixiaram os pequenos. Para ganhar escala de produção, empresas capitalizadas compraram concorrentes ou se fundiram, criando gigantes do ramo. Estes movimentos empresariais tornaram-se mais acirrados com a globalização da economia. Megaempresas internacionais expandiram seus tentáculos, adquirindo plantas industriais em diversos países e promovendo uma concentração de mercado onde poucas empresas têm condições de atuar, quer pelo enorme capital necessário quer pelas inovações e desenvolvimentos tecnológicos, exigindo uma soma de recursos que poucos podem dispor.

MÁQUINA DE COSTURA

O ser humano sempre teve duas preocupações básicas a serem resolvidas: alimentar-se e vestir-se. Atividades delegadas às mulheres, ao longo dos milênios elas tiveram ao seu alcance, para seus fins, meios rudimentares para suas atividades, utilizando fogões à lenha para o preparo da comida e linha e agulha para costurar. A princípio, costuravam peles de animal para cobrirem o corpo e protegerem-se do frio. Com o tempo, desenvolveu-se a roca para fiar e técnicas de preparo de tecidos. À mão, costuravam-se os tecidos para elaboração das roupas. Somente no século XIX desenvolveu-se uma máquina de costura acionada pela força humana e, com o desenvolvimento dos motores elétricos no século XX, facilitou-se a vida das donas de casa com o emprego de um motorzinho que acionava o equipamento.

Até meados dos anos 1960, a máquina de costura era um bem que a mulher levava como enxoval quando casava. Responsável pela casa, as jovens aprendiam a cozinhar, cuidar da casa e a costurar para serem consideradas noivas bem-dotadas e donas de casa exemplares. Muitas utilizavam seus dons para aumentar a renda da casa, costurando para fora, como se dizia. Em todos as cidades e nos bairros dos grandes municípios, haviam escolas de corte e costura e donas de casa costureiras. Com a mudança comportamental dos jovens nos anos 60, com a mulher buscando o mercado de trabalho e o desenvolvimento da indústria de roupas prontas, as jovens não mais se interessaram pela arte milenar de confeccionar suas próprias roupas, com o mercado de máquinas de costura, para uso doméstico, paulatinamente definhando. A profissão de costureira migrou das casas para as oficinas de costura e para as fábricas de confecções.

SINGER

Além de ator, Isaac Merritt Singer foi mecânico, inventor e empresário. Com 40 anos, em 1851 patenteou um modelo de máquina de costura prática, a partir de uma unidade que viu em uma oficina de um amigo, Orson Phelps, movimentada por uma haste acionada por uma das mãos. Sua criação tinha um pedal acionado pelos pés, o que liberava as mãos, facilitando o controle do tecido. Alinhada a outras modificações e aperfeiçoamentos, revolucionou e facilitou seu uso. Imediatamente, no mesmo ano, com um sócio, Edward C. Clark, abriu em Nova York a I.M. Singer & Co.

Aos poucos, foi ganhando a confiança do mercado, aumentando as vendas e sua produção. Para alavancar sua produção, criou o primeiro sistema de vendas a prestação, resultando em um enorme sucesso.

Com um potencial de mercado enorme, cada casa uma usuária, tão rápido foi o crescimento de sua produção e distribuição no mercado americano, que Singer decidiu abrir pontos de vendas em outros países. No Brasil, apenas sete anos após a fundação da empresa, abriu um ponto de vendas na cidade de Rio de Janeiro. Em 1888, obteve autorização para importar e vender no Brasil, assinada pela Princesa Isabel, e abriu filiais em algumas cidades, introduzindo seu sistema de vendas a prazo.

Nos primeiros anos do século XX, a empresa já fabricava milhões de unidades por ano, para o mercado interno americano e para exportação.

Em razão do crescimento do mercado brasileiro e o incentivo à industrialização pelo governo Vargas, a Singer construiu e inaugurou sua fábrica no município de Campinas, no estado de São Paulo, em 1955, produzindo todos os componentes de seu produto. Inaugurou, anos depois, uma fábrica em Indaiatuba, cidade vizinha, destinada à produção de agulhas.

Nesta altura, suas máquinas de costura já tinham a opção do motor elétrico, substituindo o esforço das pernas das costureiras no pedal.

Logo após a inauguração de sua unidade fabril no Brasil, a Singer exportava as máquinas aqui produzidas para os países sul-americanos.

Em 1997, transferiu, por opção logística, sua unidade fabril de máquinas para Juazeiro do Norte, Ceará.

ELGIN

David Charles Feder desembarcou no Brasil em 1953 juntamente com a esposa, Grete, o filho Roberto, e três primos: Joseph, Jack e Paul. Eram prósperos fabricantes de máquinas de costura em Milão, exportando, inclusive, para o Brasil. Deixaram a confortável vida na Itália para se aventurar em um país em formação, pobre, pelo risco que se tinha de uma terceira guerra mundial. Era o auge da Guerra da Coréia, em que os Estados Unidos, defendendo seus interesses na Ásia, digladiavam-se com a China, apoiada pela Russia, pelo controle da Península Coreana. O mundo passava pelos primeiros momentos da Guerra Fria, assim chamada a disputa pelo controle mundial entre os americanos e os comunistas, liderados pela URSS (União das Repúblicas Socialistas Soviéticas), após a segunda guerra mundial, recém terminada. A percepção geral era de que a Guerra da Coréia seria o estopim de um novo conflito mundial, pois era assim que se resolviam as pendências entre os povos e as nações, e, em mundo globalizado, o envolvimento acabava sendo generalizado. Na primeira metade do século XX, já tinham sido duas.

De família judaica, nascido na Polônia, David sofrera com as perseguições racistas mesmo antes dos alemães invadirem seu país. Em 1936, com 15 anos, teve todo seu estoque de peças de bicicletas, negócio começado por ele um ano antes, confiscado pela polícia polonesa.

Com a iminência de uma invasão nazista alemã, temendo mais represálias, ele e três amigos fugiram de bicicleta para Rússia, pedalando por vários dias para ultrapassar a fronteira, onde ficou sabendo que adultos e jovens judeus masculinos poloneses estavam sendo detidos e enviados para campos de concentração. Imediatamente, fez o trajeto de retorno a fim de tentar salvar seu pai. O ambiente era extremamente confuso e com informações desencontradas, sem que se soubessem as reais intenções das autoridades. David avaliou que as mulheres e as crianças não sofreriam perseguições e correriam menos risco ficando do que se aventurarem pelas agruras de uma fuga penosa e perigosa até a Rússia, onde teriam que enfrentar possíveis repressões e violências contra os de origem judaica. Assim, pai e filho, com os corações aflitos, atravessaram a fronteira, onde passaram a guerra confinados em campos da Sibéria, fazendo trabalhos pesados, como cortar lenha, mesmo em épocas que os termômetros alcançavam a temperatura de 30 graus negativos, em troca de roupa e comida péssima.

Em 1944, avizinhando o final da guerra, já com os alemães sendo expulsos do território russo, puderam deixar a Sibéria indo para o Uzbequistão. Para sobreviver, negociavam com dólares e vendiam ouro, relógio, joias e cigarros enquanto procuravam notícias dos familiares, em meio a milhares de refugiados judeus que se abrigaram na região. As sinagogas faziam listas de pessoas e cruzavam as informações para as famílias poderem se reencontrar ou saber de seus destinos. David, desolado, soube que sua mãe e seus irmãos foram deportados para campos de concentração, onde foram mortos. Encontrou a informação que seus primos — Jack, Paul e Joseph — encontravam-se em um kibutz, comunidade agrária judaica, e os convidou para participar de suas atividades comerciais.

Paul e Joseph foram presos e condenados por não terem passaporte. David negociou suas libertações com o compromisso de deixar o país. Assim foram para Milão.

Sofridos e escaldados pelas perseguições, deixaram seus crescentes negócios e agradável vida na Italia, buscando paz em um país distante do palco de guerras, sem conflitos, onde imigrantes de diversas origens conviviam harmoniosamente com a população local. Sabiam, também, que o Brasil era um país com enorme potencialidade de crescimento e carente de empreendedores com conhecimentos tecnológicos e capital para investir.

Empreendedores, ganharam um terreno em Mogi das Cruzes, nas proximidades da cidade de São Paulo, para erguerem uma indústria de máquinas de costura. Trouxeram, da Italia, dez engenheiros e todos os equipamentos e moldes necessários. Tendo como objetivo produzir produto de alta qualidade, David empregava a estratégia de melhor custo-benefício, pois seus produtos eram duráveis, resistentes, embora bem mais caros, apostando na percepção do mercado das vantagens que oferecia, usando a tática de conceder longos prazos para os revendedores repassarem aos seus clientes. Como imagem de um produto de excelência, batizou a fábrica de ELGIN, apropriando-se do nome dos famosos mármores, de alta qualidade, do Lorde Britânico Elgin. Logo, acoplou o motor elétrico à sua máquina, permitindo substituir o esforço humano, obtendo grande sucesso.

Com a mudança do comportamento do mercado, a Elgin, renovada com a participação de seus jovens filhos Roberto, Edward (Edy) e Ricardo, estes dois nascidos no Brasil, reinventaram-se passando a produzir e importar produtos eletroeletrônicos de qualidade e abrindo uma unidade fabril na Zona Franca de Manaus.

VIGORELLI

Giuseppe Franco, de origem judaica, chegou ao Brasil em 1940, fugindo do início da Segunda Guerra Mundial e dedicou-se, com a família, ao comércio. Terminada a guerra, em 1945, criou a Importadora e Exportadora Francolite Ltda, em 1947, importando kits de máquina de costura do Japão e da Itália, fazendo a montagem em um galpão na Rua Turiassú, no bairro da Pompéia, em São Paulo.

Com o sucesso do empreendimento, Giuseppe obteve o licenciamento para fabricação no Brasil das máquinas da Vigorelli, empresa italiana estabelecida na cidade de Pavia, na Lombardia.

Em 1953, inaugurou a fábrica em Jundiaí, São Paulo, trazendo engenheiro e técnicos italianos.

Após o sucesso das décadas de 1950 e 1960, enfrentou as adversidades do declínio do mercado de máquina de costura e as crises econômicas pós o "Milagre Brasileiro", sucumbindo no ano de 1984.

LEONAM

Uma das marcas pioneiras de máquina de costura no Brasil, a LEONAM obteve sucesso nos anos 1950/1960. LEONAM era o inverso do nome de seu criador, MANOEL. Com o definhamento dos negócios de máquinas caseiras, desapareceu do mercado.

ELETROPORTÁTEIS

Ramo industrial surgido com a Segunda Revolução Industrial, onde a criatividade humana encontrou um campo fértil, os eletroportáteis apareceram no mercado mundial por iniciativa de pioneiros que puseram todo seu empenho em construir empresas de sucesso. Os produtos tornaram-se viáveis graças ao desenvolvimento da tecnologia do uso do plástico e do aço, além, naturalmente, do emprego dos motores elétricos.

WALITA/PHILIPS

Waldemar Clemente era um descendente de imigrante alemão. Engenheiro, trabalhava na GE, em São Paulo, quando decidiu abrir um escritório de representação de materiais elétricos, dando origem a uma pequena fábrica e loja no Largo do Arouche, produzindo tomadas, plugs, interruptores e calhas de iluminação.

No final dos 1930, inspirado nos produtos movidos à energia elétrica que eram criados nos Estados Unidos, desenvolveu um aparelho para bater as polpas de frutas gerando sucos. Além de batizar sua invenção com um nome que se consagraria, liquidificador, colocou no aparelho a sua marca que faria sucesso no mercado brasileiro e no exterior: Walita.

O próprio estabelecimento de Waldemar estampava, em sua porta, o nome fantasia Walita. Criativo, ele usou a primeira sílaba de seu nome, Wal, fundindo-se com o de sua esposa, Lita, resultando o bonito e sonoro WALITA. Ele usaria o mesmo artifício para denominar a marca artística de sua empresa de motores fundada anos mais à frente: WACSA, acrônimo de Waldemar Clemente e o complemento do nome da empresa, Sociedade Anônima.

Com o sucesso de seu primeiro produto, Waldemar lançou diversos outros aparelhos eletrodomésticos: batedeira, centrífuga, enceradeira, ferro elétrico, aspirador, ventilador.

A Walita foi a primeira empresa a fazer demonstrações de seus produtos em lojas e pioneira na apresentação comercial de suas linhas na recém-inaugurada, no Brasil, televisão Tupi.

Em 1940, Waldemar iniciou sua fabricação de lâmpadas e, em 1957, uma linha de produtos para a indústria automobilística que dava seus primeiros passos para fabricação em solo brasileiro.

Após a construção de uma enorme e moderna fábrica em Jurubatuba, São Paulo, no final dos anos 1960, Waldemar Clemente vendeu, em 1971, o controle acionário de sua empresa para a Philips, sediada na Holanda, que já estava no Brasil desde 1924, estabelecendo-se no Rio de Janeiro para importar lâmpadas incandescentes e, mais tarde, rádios receptores. A marca WALITA foi preservada nos produtos, ganhando mercado internacional.

A Philips foi criada em 1891 por Benjamin Frederik David e Gerard Philips, respectivamente pai e filho, em Eindhoven, Holanda, para produção de lâmpadas incandescentes de filamentos de carbono e outros produtos elétricos, como lanternas, tornando-se uma das pioneiras mundiais. Com a entrada de Anton, também filho de Benjamin, a empresa cresceu rapidamente e tornou-se a maior fabricante de lâmpadas do mundo no começo do século XX. Em 1927, iniciou a produção de rádios, alcançando a marca de um milhão vendidos no começo dos anos 1930. Ao longo de sua existência criou produtos que viraram referência no comércio internacional como o barbeador Philishave na década de 1950, o DVD em 1997, e muitos outros. Agigantou-se com o início da produção de televisores e aquisições de várias empresas, como a americana Westinghouse. Em 2011, vendeu 70% da divisão de TVs para a chinesa TPV, detentora da marca AOC. A Philips, atuando em vários segmentos da indústria eletroeletrônica, mantêm-se como uma das maiores empresas mundiais.

ARNO/SEB

Hans Arnstein, italiano, veio para o Brasil em busca de uma oportunidade para empreender no ramo de motores elétricos. Seu pai, Carlo Arnstein, era um importador de café do Brasil e sabia do grande potencial do mercado brasileiro, que crescia em ritmo acelerado e com muitos conterrâneos fazendo sucesso.

Hans criou, em 1940, sua indústria, a Construções Eletromecânicas Brasileiras Ltda, para fabricação de motores elétricos. Decidiu, então, aportuguesar seu nome, passando a se chamar João Arnstein.

Em 1944, fundiu sua empresa com outras três e, no ano seguinte criou a ARNO, para produção de eletroportáteis.

O nome Arno, tirado do seu sobrenome, veio da marcação que seu pai fazia nas sacas de café que chegavam do Brasil, identificando como seu o produto. O nome, com forte sonoridade, tornou-se conhecida no mercado a tal ponto que João incorporou ao seu nome, tornando-se João Arnstein Arno.

Com seus produtos vendidos em todo o Brasil, estabelece uma parceria com a Sears Roebuck, varejista americana com filiais no Brasil, fabricando eletroportáteis com design exclusivo para a rede de lojas.

Após o falecimento de João em 1957, seus filhos assumiram a direção da empresa: Felippe a presidência e Carlos Sergio a superintendência.

Em 1997, o controle acionário da Arno foi vendido para a SEB, multinacional francesa, que manteve o nome em seus produtos.

MALLORY

A marca Mallory pertencia à gigante Moulinex, pioneira no ramo de eletro portáteis na França, que extrapolou as fronteiras, alcançando o mundo todo. Como o segmento é extremamente competitivo, com empresas ágeis e de menor tamanho, a francesa decidiu vender a indústria para a espanhola Taurus, em 2002, cujo nome, no Brasil, pode ser confundido com a fabricante de armas.

BLACK & DECKER

Em 1910, Samuel Duncam Black e Alonzo G. Becker foram pioneiros, nos Estados Unidos, na industrialização de produtos movidos à eletricidade ao abrir uma oficina para produção de máquinas. No Brasil desde 1972, produz uma linha variada de eletro portáteis. Após a fusão com a Stanley, tornou-se o maior fabricante de ferramentas do mundo.

NEWELL BRANDS

A multinacional Newell Brands atua no Brasil com as marcas Oster e Cadence na produção de eletrodomésticos. A Newell originou-se de uma pequena empresa pioneira fundada em 1903 por Edgar Newell em New Jersey, Estados Unidos. A própria Oster foi fundada por um empreendedor no começo da industrialização americana ao montar uma oficina em sua garagem e, antes de ser adquirida pela Newell Brands, passou pelas mãos da Sunbeam.

TRAMONTINA

Com cerca de 18.000 itens em seu portfólio de produtos, a Tramontina tornou-se uma gigante mundial exportando para mais de 120 países. Muito conhecida por suas baixelas de alta qualidade, produz, também, utilidades domésticas e eletroportáteis de qualidade. Valentin Tramontina tornou-se um dos pioneiros da industrialização brasileira ao inaugurar em 1911 uma ferraria na cidade que veio a ser chamada de Carlos Barbosa, na região de Caxias do Sul, Rio Grande do Sul. A empresa permanece nas mãos de seus descendentes.

LINHA BRANCA

Convencionou-se denominar de linha branca os fogões e as geladeiras porque no nascedouro, e por muito tempo, a cor utilizada para os móveis eram exclusivamente brancas.

O fogão é um equipamento básico em qualquer casa. Desde que o homem aprendeu a utilizar o fogo, procurou-se a melhor maneira de cozinhar os alimentos, desde um buraco cavado no chão, passando por pedras dispostas de tal sorte a deixar um vão entre elas onde se punham os gravetos, até chegar ao fogão de lenha que se usou por milênios. No século XIX, elaborou-se um móvel de ferro em que se colocava, no seu interior, carvão que produzia calor canalizado para uma abertura na parte superior sobre a qual colocavam-se as panelas de ferro para cozer a comida, utilizado em restaurantes e em casas urbanas. Com a descoberta do uso do gás de petróleo, foi possível uma maneira mais prática, limpa, sem fumaça e mais rápida de preparar os alimentos. A aceleração do tempo de cozimento dos alimentos contribuiu para a sua qualidade e para eliminar bactérias, fungos e parasitas nocivos à saúde. Com o desenvolvimento das técnicas de uso do aço, tornou-se possível a fabricação de fogões a gás mais práticos e mais baratos, aliado ao desenvolvimento da embalagem para fornecimento do gás, os botijões. Rapidamente, pipocaram por toda parte a formação de pequenas empresas de fogões, que, logo, se tornaram grandes e importantes indústrias, produzindo milhões de unidades.

O uso das técnicas de refrigeração permitiu o transporte em longas distâncias e armazenamentos de alimentos perecíveis, permitindo que chegassem nas mesas produtos isentos de micro-organismos prejudiciais à saúde. As geladeiras domésticas permitiram a conservação dos alimentos por vários dias, facilitando a tarefa diária e trabalhosa de elaborar a comida.

Os fogões a gás e as geladeiras disseminaram-se de tal maneira que praticamente todos os lares os possuem.

As pequenas empresas pioneiras do ramo tornaram-se enormes fabricantes, agigantando-se com os processos de aquisições e fusões, tornando-se megaempresas mundiais com o processo de globalização.

DAKO

Em 1935, Joaquim Gabriel Penteado, que ficou conhecido como Seu Joá, e seu sócio Heitor Dácomo, abriram uma pequena indústria na Mooca, para produzir fogão a carvão e a lenha. O próprio Seu Joá apregoava em praça pública a qualidade de seus produtos, obtendo imediato sucesso. O nome ficou consagrado como DAKO, tirado das duas primeiras sílabas do Dácomo.

No final dos anos 1940, lançaram um fogão elétrico prático para fritar bifes rapidamente, recebendo o nome de batismo de BIFETERIA, com enorme sucesso.

Com o crescimento das vendas e da produção, mudaram-se para Campinas em 1947, lançando, em seguida, o fogão à querosene e, logo depois, o a gás, ganhando escala de produção e vendendo milhares de unidades para todo o Brasil.

Passou a exportar e na década de 1990 enviava seus produtos para mais de 50 países.

Em 1996, a multinacional americana GE adquiriu a empresa, mantendo o nome DAKO nos seus produtos. Surpreendentemente a mexicana MABE adquiriu a GE e, logo em seguida, a parte de refrigeração da CCE, incorporando, em 2010, a fábrica de fogões Continental e a Bosch do Brasil.

Pelos problemas enfrentados pela matriz, a MABE entrou em estado falimentar em 2016.

SEMER

A Industria Semeraro SA, conhecida com a marca SEMER, iniciou a fabricação de seus fogões no bairro do Belenzinho em 1946.

Na década de 1950, expandiu exponencialmente sua produção e vendas de fogão a gás, alcançando vários estados do Brasil.

Em 1963, em sociedade com a Tecnomecânica Norte, conhecida como TECNORTE, fabricante de recipientes de gás, cria a ESMALTEC, em Fortaleza, para atender o mercado do Nordeste. Não durou muito, desfazendo a sociedade em 1966.

Com um nome de prestígio, contudo tinha problemas internos e acabou sendo adquirida pelo grupo Brasmotor, detentores das marcas Brastemp e Consul.

ESMALTEC

Em 1951, Edson Queiroz, nascido em Cascavel, na região metropolitana de Fortaleza, fundou uma empresa distribuidora de gás de cozinha.

Em 1963, decidiu ampliar seus negócios, inaugurando uma fábrica de recipiente de GLP para comercializar o gás que já distribuía, sob o nome fantasia de TECNORTE, de Tecnomecânica Norte. No mesmo ano, em parceria com a Semer, abriu a Estamparia e Esmaltação Nordeste, a ESMALTEC, para a fabricação de fogões.

A sociedade com a Semer durou três anos. Dominando o know-how, Edson assumiu integralmente a empresa, levando seus fogões para todo o Nordeste.

Sucedendo no controle da empresa, após a morte de Edson Queiros, seus filhos promoveram a fusão das duas firmas com o nome de Tecnomecânica Esmaltec Ltda, com sede em Maracanaú, maior centro industrial do estado, na grande Fortaleza, e expandiram sua participação no mercado nacional.

ATLAS

Theóphilo Petrycoski, nascido no Rio Grande do Sul, mudou-se para Clevelândia, hoje Pato Branco, no estado do Paraná, em 1949.

No começo da década de 1950, começou a fabricar fogões a lenha em sua pequena indústria, a que deu o nome de ATLAS. Com a expansão do mercado, lançou os modelos a gás, que obteve imediato sucesso.

Assumindo a empresa, seus filhos, liderado por Claudio, expandiram o portfólio de produção, lançando lava-louça, lava-roupa e secadora em uma unidade fabril de Caxias do Sul, que pertencia à marca ENXUTA. Para atender o nordeste, inauguraram uma fábrica em Feira de Santana, na Bahia. A Atlas mantêm, em seu rol de produtos, o tradicional fogão a lenha, ainda bastante requisitado por consumidores saudosistas ou por cozinhas de fazendas distantes de cidades.

MUELLER

Descendente de Imigrantes lituanos e alemães, Walter Mueller abriu uma pequena mecânica em Timbó, Santa Catarina, em 1949.

Ao folhear revistas alemãs, inspirou-se para a fabricação de uma lavadora de roupas, lançando a primeira máquina fabricada no Brasil.

Obtendo sucesso no empreendimento, lançou, com o tempo, secadora, centrífuga, fogão a gás, cooktop e forno elétrico, tornando-se uma importante indústria de renome nacional e exportando para vários países.

ITATIAIA

Inspirado no nome do Parque Nacional de Itatiaia, onde fora conhecer o Pico das Agulhas Negras em 1964, Lincoln Rodrigues Costa batizou seus móveis de cozinha de ITATIAIA, começando a produzir, em seguida, fogões a gás, em Ubá, cidade de Minas Gerais.

Com o sucesso de vendas, Lincoln expandiu suas vendas para o mercado consumidor fora do estado.

WHIRPOOL

Com o propósito de produzir maquinas de lavar roupas, os jovens Louis Upton e Emory Upton juntaram-se aos pioneiros americanos da industrialização de produtos movidos a eletricidade ao abrir, em 1911, a Upton Machine Company. Consolidada a produção e distribuição de suas primeiras unidades, os irmãos diversificaram a produção. Ao longo do tempo aumentaram sua planta fabril, adquiriram outras empresas e, em 1950, passaram a denominar-se WHIRPOOL CORPORATION. Whirpool significa redemoinho, simbolizando o movimento que realizaram abarcando várias empresas. Expandindo-se para todos os rincões do planeta, a Whirpool tornou-se a maior produtora do mundo do ramo.

Encantado com o modelo de negócios da Whirpool, Hugo Miguel Etchenique estagiou na empresa para absorver os modelos de produção, de qualidade e de administração, que a firma primava. Retornando ao Brasil, Hugo tornou-se um dos pioneiros brasileiros na fabricação de produtos da linha branca ao abrir, juntamente com o irmão Antonio, a BRASTEMP. Ele mesmo um exemplo de empresário que buscava excelência no que fazia, Hugo impôs à nova empresa o modelo de organização da Whirpool e de produção de bens de primeira linha, mantendo com a americana uma parceria de tecnologia. A marca Brastemp rapidamente tornou-se sinônimo de produto de alta qualidade, possibilitando ao seu marketing o desenvolvimento de um bordão, amplamente conhecido e empregado em diversas situações por todos, o qual, ao referir-se a qualquer coisa, produto ou não, que não primasse por qualidade, era qualificado como "Não é uma Brastemp".

Em 2000, Hugo vendeu suas ações à Whirpool, mas permaneceu ligado à sua cria até seu falecimento.

A Whirpool manteve, no Brasil, as marcas BRASTEMP e CONSUL, esta uma empresa que Hugo Etchenique havia absorvido durante sua administração.

ELECTROLUX

Resultado da fusão da Lux AB com a Svenka Elektron AB, a AB ELEKTROLUX iniciou no ramo produzindo aspiradores de pó, produto profundamente conhecido por seus sócios, que já trabalhavam no ramo, em Estocolmo, Suécia, no ano de 1919. Juntando-se aos pioneiros da industrialização europeia de bens movidos a eletricidade, logo diversificaram o portfólio de produtos, passando a produzir geladeiras, freezers, lavadoras, fogões, ar condicionado e micro-ondas.

Em 1957, trocou a letra K pela C, passando a ser conhecida mundialmente como ELECTROLUX.

A empresa, fundindo-se ou absorvendo diversas outras, tornou-se a maior produtora da Europa. Mantendo o mesmo modelo de crescimento, tornou-se uma empresa mundial na esteira da globalização, competindo com a Whirpool a liderança em vendas e na produção de produtos com qualidade no planeta.

No Brasil, a sueca adquiriu a Clímax do empresário Sergio Prosdócimo, mantendo várias plantas industriais em diversas cidades.

AR CONDICIONADO

Uma das maravilhas da segunda revolução industrial, o ar condicionado proporcionou uma climatização ideal para os ambientes industriais, escritórios, lojas, cinemas, teatros, salões, hotéis, transportes e residências. Um mercado em franco crescimento no Brasil, com algumas fortes e competitivas marcas.

SPRINGER CARRIER

A Springer, empresa gaúcha, foi pioneira, não só no Brasil como na América Latina, ao lançar o seu ar condicionado em 1934.

Em 1983, iniciou-se uma joint venture com a norte-americana Carrier.

Willis Carrier foi pioneiro mundial ao lançar o primeiro sistema de ar condicionado nos Estados Unidos, em 1902. Em 1915, fundou a Carrier Engineering Corporation, obtendo um acelerado crescimento ao longo das décadas.

Vendida para a UTC, United Technologies Corporation, em 1979, ganhou novos mercados e CARRIER tornou-se uma marca de referência mundial.

Para ganhar escala em produção e desenvolvimento tecnológico, desenvolveu uma joint venture com a chinesa Midea, por seu turno pioneira em seu país ao iniciar a fabricação de seus produtos em 1968, na cidade de Shenzhen, Guangdong. Com a parceria, o portfólio de produtos diversificou-se e a penetração de seus produtos expandiu-se consideravelmente por todo o planeta.

HITACHI

A empresa japonesa foi pioneira em seu país ao inaugurar sua produção de ar condicionado em 1910.

Estabeleceu-se no Brasil em 1940 e em 1972 desenvolveu sistemas residenciais e industriais.

DAIKIN

Akira Yamada é outro pioneiro japonês do ramo ao iniciar sua produção em 1924 na cidade de Osaka, com o nome empresarial de Osaka Kinzoku Kogyosho Ltda. Conseguiu a façanha de ser o primeiro a montar um sistema de ar condicionado em trem, em 1936.

Atuando nos cinco continentes, chegou ao Brasil em 2011.

GREE

Pioneira em seu país, a Gree tornou-se a primeira empresa chinesa de eletrodomésticos a produzir em Manaus, no ano de 2011.

LINHA ÓPTICA

A invenção da câmera fotográfica portátil e simplificada iniciou uma febre que se espalhou por todos os continentes, tornando-se um produto mundial, uma das coqueluches da II Revolução Industrial, popularizando a paixão do ser humano em se ver retratado e eternizado as imagens dos entes queridos ou dos momentos felizes. A ela se juntou as filmadoras, sofisticando os registros do cotidiano, agora com movimentos. Durante décadas, os filmes acoplados no interior das câmeras registravam as imagens captadas, mas, para vê-las, era necessário revela-los nos laboratórios especializados. Quantas alegrias e emoções os retratos proporcionaram, mas quantas decepções e frustrações causaram ao se constatar, na revelação, que os filmes tinham sido velados ou que a forte exposição à luz ou a falta dela comprometeu a qualidade da reprodução. Com a revolucionária tecnologia da digitalização, os filmes foram aposentados, e, com os smartphones, as tradicionais câmeras fotográficas e filmadoras tornaram-se peças de museu, retratos, eles mesmos, de uma época romântica da industrialização.

KODAK

A câmera fotográfica portátil começou sua trajetória em 1888, quando George Eastman lançou sua primeira máquina Kodak, possibilitando a popularização da fotografia, acessível a todos. Os filmes e câmeras Kodak tornaram-se sinônimos de qualidade e, durante um século, foi o sonho de consumo de todo ser humano. Não acompanhando a evolução da tecnologia, não acreditando nas possibilidades da era digital, a Kodak foi atropelada pelas inovadoras câmeras digitais e pelos smartphones, sucumbindo por não terem sido sensíveis aos novos tempos, sensibilidade que seus filmes tinham em captar um instantâneo da vida, mas que seus dirigentes não tiveram em entender e perceber os sinais irradiados de uma nova época.

FUGIFILM

Fundada em 1934 em Tóquio, Japão, dedicando-se à fabricação de câmeras e filmes fotográficos, a Fugi ganhou o mundo após a II Guerra Mundial, tornando-se um importante competidor da Kodak. Com filmes mais baratos, a empresa ganhou boa parte do mercado e tornou-se uma gigante do segmento. Ao contrário da concorrente, ela se tornou mais permeável às tecnologias digitais. Em 2012, abandonou a produção de filmes, concentrando-se em produtos digitais de várias naturezas.

CANON

Em Tóquio, Japão, Goro Yoshida e Saburo Yoshida abriram, em 1939, um laboratório de instrumentos de precisão ópticos, passando a ser um dos pioneiros da industrialização japonesa. A primeira câmara fotográfica de 35 mm com foco plano desenvolvida pela dupla foi chamada de "Kwanon", inspirada no nome da Deusa da Misericórdia do Budismo, Kuan Yin. De Kwanon, derivou CANON, que se tornou sinônimo de precisão. Ganhou o mundo ao abrir uma sucursal nos Estados Unidos em 1955 e, dois anos depois, na Europa. Está presente no Polo Industrial de Manaus.

Adaptando-se à tecnologia digital, primando por qualidade, A Canon é uma fabricante mundial de filmadoras, copiadoras, scanners e impressoras utilizadas nos escritórios e, hoje, largamente presentes em muitas residências.

APARELHOS DE LIMPEZA
KÄRCHER

Alfred Kärcher foi um pioneiro na Alemanha ao fundar sua empresa em Stuttgart, Bad Connstatt, em 1935, para fabricar lavadoras de alta pressão, facilitando o trabalho de limpeza nas empresas, edifícios e nas residências.

Superadas as consequências da II Guerra Mundial, expandiu sua empresa para fora das fronteiras germânicas e chegou no Brasil em 1975, com sua fábrica na cidade de São Paulo, enfrentando os desafios de produzir aparelhos adaptados às diferentes culturas e estilos de vida.

LINHA MARROM

O ramo de rádio, televisão e som é chamado de linha marrom em razão da cor da madeira dos móveis dos primeiros rádios e televisores.

Com os conhecimentos sobre indução e ondas eletromagnéticas, o italiano Guglielmo Marconi revolucionou, em 1896, a comunicação a distância, criando o primeiro aparelho de rádio do mundo, transmitindo e recepcionando os sinais através do espaço. Criado para substituir o telégrafo, que dependia de cabeamento, o radiotelégrafo prescindia de fios para fazer chegar as mensagens. A princípio, o novo aparelho era usado por rádios amadores e pelas forças armadas. Após a I Guerra mundial, em 1920, um engenheiro americano da Westinghouse Eletric passou a transmitir notícias e músicas por rádio. Com o sucesso alcançado pela iniciativa, detonou a procura por aparelhos receptores. A Westinghouse fabricava os rádios usados pelos militares durante a guerra. Com o término do conflito, a empresa ficou com uma quantidade enorme de aparelhos em seu estoque. Com a repercussão das transmissões do engenheiro, ela implantou uma emissora de rádio, a KDK-A, e vendeu todos os aparelhos que dispunha, iniciando uma febre que se alastrou rapidamente entre consumidores e empreendedores. Em pouco tempo, três centenas de emissoras estavam no ar. Pela simplicidade de montagem, rapidamente dezenas de oficinas foram abertas para produzirem aparelhos de recepção, originando um ramo industrial que movimentou enormemente a economia e espalhou-se pelo mundo. Logo grandes corporações dominavam as transmissões e a produção de rádios.

O rádio adquiriu uma importância enorme em pouco tempo, levando aos lares entretenimento e informações sobre os acontecimentos de forma rápida, com análises de comentaristas e repórteres nas ruas buscando os fatos e entrevistando testemunhas e personagens. Um programa de rádio entrou para os anais da história da comunicação humana pela dimensão que tomou, deixando patente a grande penetração e influência que exercia sobre os ouvintes. Em 30 de outubro de 1938, véspera de Halloween, A CBS (Columbia Broadcasting System), que comandava, de Nova York, uma rede de rádio, interrompeu sua programação normal de músicas para uma notícia em edição extraordinária: a invasão de centenas de marcianos na cidade de Grover's Mill, em Nova Jersey. Repórteres entrevistavam pessoas, especialistas e autoridades, relatando as reações dos moradores da localidade. Comentaristas analisavam as informações, as repercussões e as prováveis consequências. Calculou-se que seis milhões de ouvintes sintonizaram a rádio. Cerca de metade da audiência acompanhou desde o começo a transmissão. A outra metade foi ligando o rádio e ouvindo, espantada, o desenrolar da invasão alienígena. Destes, seiscentos mil acreditaram piamente no que acontecia, sendo que metade deles entrou em pânico. Os telefones colapsaram, com todos querendo avisar parentes e amigos. As ruas foram tomadas por multidões desesperadas, buscando o que fazer. As ruas e estradas ficaram congestionadas de carros com a população tentando fugir ao iminente ataque dos marcianos. Essa convulsão foi consequência de uma involuntária "fake news", como diríamos hoje, produzida pela transmissão radiofônica. Em realidade, os três milhões de ouvintes que acompanhavam a CBS desde o início ouviram que, naquele momento, iniciava-se o Radioteatro Mercury, apresentando a peça "Radio do Pânico" de Howard Koch, uma dramatização do livro "A Invasão dos Marcianos" do escritor inglês Herbert George Wells, produzida e dirigida pelo ator e diretor de cinema, ainda relativamente desconhecido, Orson Welles. Transmitido como se fosse um programa de notícias, com atores fazendo papel de repórteres, especialistas, comentaristas, gente do povo; a sonoplastia reproduzindo sons que remetiam à invasão; as reações de autoridades; o pânico dos habitantes locais, o radioteatro parecia tão real que levou aqueles que sintonizaram o rádio depois de iniciado a acreditarem que, de fato, estava acontecendo uma invasão de extraterrestre. O programa, pela surrealista reação da população, marcou a história da mídia no Século XX e deixou patente, no começo da história da comunicação sem fio, a relevância e a capacidade de influir que o novo meio revelava, em uma sociedade que ainda aprendia a lidar com as novas descobertas que a II Revolução Industrial proporcionava.

Consolidado o progresso da propagação da voz por ondas eletromagnéticas, a atenção dos cientistas e empresários voltou-se para desenvolver a transmissão da imagem pelos mesmos meios. Em 1926, John Logie Baird promoveu uma demonstração aos cientistas da Academia Britânica dos progressos de suas pesquisas nesta área. Em 1934, a empresa alemã Telefunken começou a fabricar os primeiros aparelhos com tubos de raios catódicos. As Olimpíadas de Berlim em 1936 foi o primeiro evento transmitido pela nova tecnologia.

Nos Estados Unidos desenvolvia-se, também, pesquisas e experiências na transmissão de imagens. Com a Segunda Guerra Mundial eclodindo em 1939, com a atenção de todos voltada para o desenvolvimento e produção de armamentos, concentrando os esforços nos meios de comunicação por rádio, as pesquisas sobre a televisão

OS PIONEIROS

estagnaram. Assim que se encerrou o conflito, os empresários dos Estados Unidos, fortemente capitalizados, lançaram rapidamente seus aparelhos de televisão e desenvolveram empresas de transmissão de programas pelo revolucionário meio de comunicação para um mercado ávido de esquecer uma guerra sangrenta e buscar diversão. Não só se estabeleceu um ambiente de trabalho para centenas de atores, diretores, produtores, técnicos e uma enorme gama de funcionários, bem como criou-se uma indústria de filmes para TV que movimentava outro enorme contingente de pessoas voltadas para sua produção.

O grandioso sucesso da TV americana espalhou-se pelo mundo, criando um novo e amplo mercado para atender à vontade das famílias em ter em sua sala a mágica telinha que levava para dentro dos lares o entretenimento e as notícias. O mundo não mais seria o mesmo com o advento dessa espantosa tecnologia.

A televisão foi implantada no Brasil no começo da década de 1950 pelas mãos de Assis Chateaubriand, com a criação da TV Tupi. Ganhou um impulso fantástico nos anos 1960, pela qualidade de programas que iam ao ar pelas pioneiras TVs Tupi, Rio e Record, às quais se juntaram a Excelsior e a Globo. Programas humorísticos (Balança Mas Não Cai, Chico Anísio, A Praça é Nossa, Família Trapo, entre outros); shows musicais (Fino da Bossa, Jovem Guarda, Esta Noite se Improvisa, Ginkana Kibon, Um Instante Maestro...); telejornais (Repórter Esso, Jornal Nacional); desenhos animados (Sessão Pullman Junior); filmes (Bonanza, Perdidos no Espaço, Bat Masterson, Papai Sabe Tudo, Jeannie é um Gênio...); transmissões futebolísticas (pela primeira vez uma Copa do Mundo, a do México, foi vista ao vivo, em 1970); variedades (Silvio Santos, Fantástico); novelas (Direito de Nascer, A Muralha, Beto Rockfeller...); memoráveis Festivais de Músicas; estes e muitos outros programas de altíssimos níveis deslumbravam a população, formando uma nova categoria: os telespectadores. Atraídas pelo mais impactante dos produtos da II Revolução Industrial, um fenômeno mundial, as famílias mudavam de comportamento e de hábitos, reunidas em frente das telinhas. Isso em todos os níveis, pois, com aumento exponencial do mercado, a fabricação em grandes quantidades fazia com que os preços caíssem, possibilitando à classe C a aquisição do produto pela facilidade do crediário em até 24 meses.

Muitos empreendedores, a maior parte já com suas linhas de rádio, desenvolveram projetos para a montagem dos aparelhos ou para produção de componentes. A indústria de peças para as TVs concentrava-se nos itens periféricos, pois o principal, o tubo catódico, tinha tecnologia e patentes que impediam sua produção por aqui. Com o desenvolvimento dos semicondutores e os transístores, concentraram-se mais ainda a arte de produção nas mãos de poucos. Em poucas décadas, as TVs avançaram para a engenharia de telas planas e sinal digital, centralizando mais ainda o domínio da ciência.

Inúmeras empresas e marcas foram criadas para atender à febre de consumo. No início da década de 1970 contava-se uma centena de empreendimentos voltados para o setor marrom. A grande maioria ou encerrou suas atividades, por diversos motivos, ou foram absorvidas pelas maiores, principalmente com o processo de globalização. No processo, marcas pioneiras como ABC, Admiral, Empire, Cineral, Colorado, deixaram de existir e algumas se firmaram e dominaram o mercado.

SEMP

Afonso Hennel foi um importante pioneiro no segmento de rádio e televisão. Jovem, fundou sua empresa, a SEMP (Sociedade Eletro Mercantil Paulista), em 1942, e lançou o primeiro rádio fabricado no Brasil. Produziu a primeira vitrola brasileira em 1949. Com a introdução da TV no país em 1950 por Assis Chateaubriand, com a TV Tupi, um enorme mercado se abria para os empreendedores da época. Assim, em 1951, a Semp lançou a primeira TV preto e branco produzida no Brasil. Em 1973, Afonso inaugurou sua fábrica em Manaus, consolidando sua posição de uma das maiores indústrias do ramo. Em 1977, estabeleceu uma parceria com a japonesa Toshiba, possibilitando, com isso, a produção de aparelhos com a mais alta e moderna tecnologia.

Diversificando sua atuação, Hennel formou a Semp Toshiba Informática e colocou no mercado o primeiro notebook brasileiro em 1998.

Depois de desfazer a sociedade com a Toshiba, Afonso firmou, em 2016, uma parceria com a gigante chinesa TCL, terceira fabricante de TVs do mundo, garantindo qualidade e as mais avançadas tecnologias aos seus produtos.

Com mais de 90 anos, Afonso Hennel continua ativo, buscando sempre novas oportunidades, sendo, hoje, o único pioneiro do ramo à frente de seus negócios, tendo resistido a todas turbulências econômicas no Brasil e às mudanças impostas pela globalização.

GRADIENTE

Em 1964, no bairro de Pinheiros, quatro jovens, Nelson Bastos, Alberto Salvatore, L. Carlos e L. Paulo Meira de Vasconcelos, montaram uma pequena oficina para produzir amplificadores de áudio, contaminados pelo forte crescimento do segmento no mercado nacional.

Emile Staub, que atuava no ramo de importação e comercialização de componentes eletrônicos, adquiriu, em 1970, a empresa.

Eugenio, filho de Emile, recebeu o sinal verde do pai para montar uma unidade fabril na Zona Franca de Manaus, Amazonas, para produzir televisão e aparelhos de som, aproveitando os incentivos disponibilizados pelos governos federal e estadual, contudo enfrentando a condição de ser um dos pioneiros na instalação industrial na região.

Eugenio Staub investiu fortemente em tecnologia e estabeleceu uma parceria com a japonesa JVC, uma das maiores fabricantes mundiais do setor. Em pouco tempo, a Gradiente tornou-se uma das mais importantes marcas brasileiras.

SONY

Masaru Ibuka e Akio Morita, jovens engenheiros, se conheceram durante a II Guerra Mundial trabalhando no desenvolvimento tecnológico de armamentos do governo japonês. Finda a guerra, decidiram aproveitar seus conhecimentos adquiridos em produtos elétricos-eletrônicos, abrindo uma empresa para esse fim em um armazém bombardeado durante o conflito. A família Morita era tradicional na sociedade japonesa e financiou os primeiros projetos dos jovens empreendedores.

Akio teve a percepção de que, para tornarem-se uma importante empresa do segmento, teriam que produzir em larga escala e exportar para os Estados Unidos. Durante a guerra, Morita teve conhecimento sobre a dimensão e o potencial do mercado americano. No pós-guerra, sabia que demoraria a recuperação da economia e da sociedade japonesa, da mesma forma acontecia com a Europa, que convalescia das feridas de guerra. O único grande mercado era o americano, que atingia um patamar nunca observado em nenhuma nação.

Decidido, Akio foi morar com a família nos EUA para se aprofundar no aprendizado da mecânica de negócios americano, e entabular as primeiras transações com as redes de lojas locais. Aprendeu que tinha que investir em produção em larga escala de bens de qualidade e com constantes inovações para atender aos anseios dos exigentes e endinheirados consumidores norte-americanos.

Para tornar a empresa facilmente reconhecida no emaranhado de marcas atuantes nos Estados Unidos, Morita propôs, e Ibuka concordou, adotar o nome SONY, palavra que seria facilmente pronunciada em qualquer língua.

Empreendedores e dotados de alta capacidade de realização, a dupla criou diversos produtos que revolucionaram o mercado, atingindo sofisticações tecnológicas que tornaram a Sony referência no mundo dos negócios internacionais.

PANASONIC

Em 1918, Konosuke Matsushita tornou-se um dos pioneiros japoneses na indústria de componentes elétricos. Em 1923, teve um avanço considerável ao iniciar a fabricação de faróis para bicicletas. Em 1935, lançou o primeiro rádio japonês, e, no ano seguinte, lançou uma linha de ventiladores elétricos. No pós-guerra, iniciou a produção de televisão e lavadora elétrica. Ganhou notoriedade mundial, ao começar a exportação de alto-falantes em 1955. Investindo em inovações e tecnologia, lançou vários produtos nas décadas seguintes. Já no século XXI, migrou suas indústrias para a China, em busca de mão de obra mais barata.

SANYO

Toshio Iue, cunhado de Matsushita, da Panasonic, abriu uma pequena fábrica de dínamo para as lâmpadas de bicicletas. Em pouco tempo, diversificou produzindo rádios, televisores, lavadoras e refrigeradores. Tornou-se forte concorrente da Panasonic, rivalizando em todos os produtos e inovações na mesma cidade japonesa de Osaka. Ganhou o mundo como respeitável marca, desembarcando no Brasil em parceria com Sergio Prosdócimo. Em 2009, após sucessivas crises, a Sanyo foi vendida para a Panasonic, que se tornou a maior fabricante de eletrônicos no Japão.

SHARP

Tokuji Hayakawa iniciou sua vida de empreendedor no Japão ao abrir uma pequena oficina de fivelas de metal, tipo cowboy do western americano. Na década de 1920, tornou-se um dos pioneiros na fabricação de rádio. Em 1952, em parceria com a americana RCA, iniciou a fabricação de televisões. A Sharp chegou ao Brasil pelas mãos de um dinâmico vendedor de máquinas de calcular, Matias Machline, com as calculadoras digitais na década de 1970, obtendo instantâneo sucesso. Com o sucesso da marca, Matias, que havia registrado o nome Sharp no Brasil, firmou uma parceria com os japoneses, tornando-se um dos pioneiros no Polo Industrial de Manaus. A empresa agigantou-se, obtendo enorme sucesso em todo o Brasil. Com a morte de Matias em um acidente de helicóptero nos EUA em 1994, a empresa, que já passava por dificuldades financeiras, teve acelerada sua decadência, vindo a falir logo depois.

SAMSUNG

Byung Chull Lee foi um coreano que fez fortuna com a exportação para a China de frutas, peixes e vegetais. Investiu em lojas, jornal e canal de TV.

Em 1969, Lee inaugurou a Samsung Eletronics para a fabricação de televisores. Diversificou a produção lançando geladeiras e maquinas de lavar. Investindo pesadamente em tecnologias de ponta — atualmente tem cerca de 50.000 pessoas envolvidas em pesquisas - ganhou o mundo com as TVs de tela plana, computadores e smartphones. É, atualmente, o líder mundial na produção de celulares, estando presente com seus produtos em todos os rincões do planeta, possuindo plantas industriais em diversos países.

LG

O grupo LG foi fundado em 1947 na cidade de Posan, Coreia do Sul, por In-Kwoi Koo e John Koo, pioneiros na fabricação de produtos da II Revolução Industrial. Com o deslocamento de polo industrial do Japão para a Coreia do Sul, que se tornou um dos Tigres Asiáticos, iniciou, em 1959 a fabricação de rádio, telefones e ventiladores. Na década de 1960, iniciou a produção de refrigeradores e televisões. Investindo em pesquisas e desenvolvimentos de produtos tecnológicos de ponta, ganhou o mundo, concorrendo com as principais empresas do segmento em todo o mundo, e, particularmente, com a rival Samsung.

Na Coreia do Sul, Samsung e LG polarizam as preferências como se fossem dois times adversários: ou se é LG ou é Samsung. Isso, até, é estimulante, pois as duas empresas procuram revolucionar o mercado com suas inovações e avanços tecnológicos.

AOC

Ross Siragusa foi um pioneiro americano que, em 1934, abriu sua firma, a Continental Radio and Television Corporate, na cidade de Chicago. Em 1947, começou a produção de televisores e, no final dos anos 1950, começou a produzir refrigeradores.

Em busca de mão de obra barata, Ross transferiu sua empresa para Taiwan em 1967, com o nome de Admiral Overseas Corporation, AOC. Adquirida pela TPV, Top Victory Eletronic, AOC virou marca, estando presente em todos grandes centros. No Brasil, tem suas plantas fabris em Jundiaí e Manaus.

A EUROPA PÓS SEGUNDA GUERRA MUNDIAL

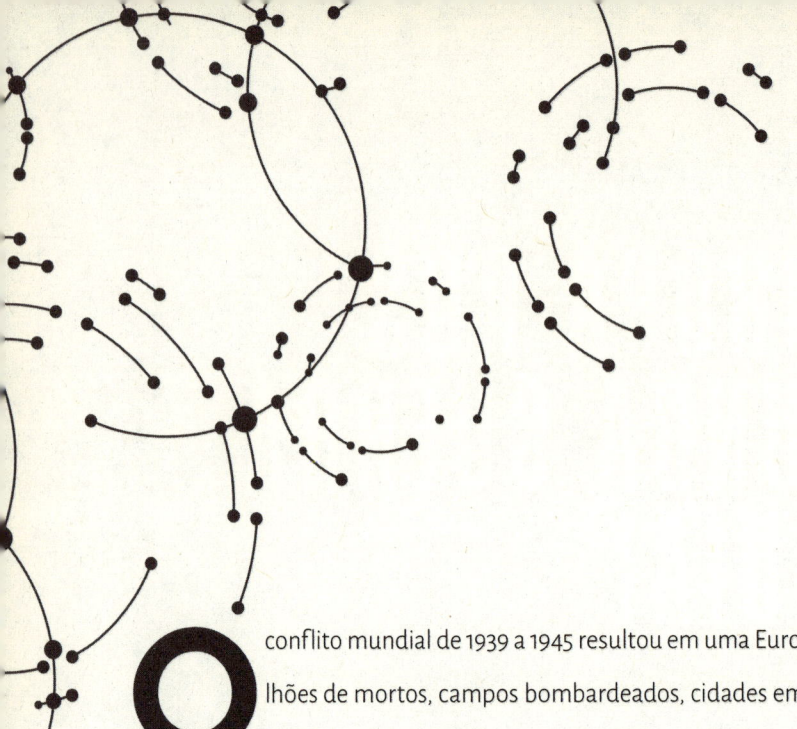

O conflito mundial de 1939 a 1945 resultou em uma Europa arrasada: milhões de mortos, campos bombardeados, cidades em ruínas, fábricas destruídas, economias desarticuladas, perdas de mercados e fim dos impérios europeus.

Não só o esforço de guerra provocou um sacrifício enorme da população. A própria recuperação, reorganização e reconstrução geraram sofrimentos profundos no Velho Continente. E mais uma vez em poucas décadas, pois as cicatrizes da primeira guerra mundial, 1914-1918, mal tinham sido curadas quando o novo conflito generalizado foi deflagrado.

Os Estados Unidos ocuparam o vácuo deixado pelos países e empresas europeias. Sem sofrer danos em seu território, a não ser a base de Pearl Harbor no Pacífico, puderam expandir, a todo vapor, suas indústrias, não só armamentícia e alimentícia para suprir os países em conflito bem como a produção de todos os bens necessários para a vida normal.

A recuperação da Europa Ocidental contou com a ajuda governamental americana através do Plano Marshall. Com as forças armadas americanas convocadas para auxiliar os aliados durante a guerra, com os créditos das vendas de sua produção para suprir as necessidades bélicas e de consumo europeus durante e depois do conflito, mais os recursos investidos na ajuda pós-guerra às economias devastadas dos países da Europa Ocidental, os Estados Unidos fincavam um pé no velho continente, com a presença dos seus exércitos e conselheiros militares estabelecendo um escudo protetor contra a Russia, agora inimiga, marcavam fortemente sua influência diplomática participando ativamente na recomposição política dos governos locais e passaram a participar diretamente nas economias com seus empresários investindo toneladas de dólares na recuperação das empresas industriais e comerciais, dando uma feição americana ao mercado europeu.

Resilientes, marcados duramente por séculos de guerras locais, invasões de povos orientais, conflitos generalizados em seu território desde as guerras napoleônicas do começo do século XIX que se somaram às loucuras das duas guerras mundiais no século XX, os europeus enfrentaram estoicamente os desafios da recuperação após a derrota de Hitler. Contando com a ajuda financeira americana, os competentes empreendedores e executivos europeus ocidentais rapidamente recompuseram suas empresas, reiniciando suas produções industriais contando com consumidores carentes e ávidos de repaginar seus amargurados lares, curando suas feridas e procurando normalizar suas vidas, esperançosos de tempos pacíficos e prósperos.

A eletrificação iniciada nos Estados Unidos na segunda metade do século XIX foi imediatamente implantada na Europa, com seus pesquisadores, empresários e executivos desenvolvendo e produzindo produtos movidos à energia elétrica. A tradição europeia sempre foi de produzir bens de qualidade, duráveis e resistentes. Práticos e com um mercado consumidor muito amplo, os americanos desenvolveram produtos que utilizavam matéria prima menos resistente, embora atendendo eficientemente os objetivos desejados, mais baratas e adotando métodos de produção em série que tornavam bem mais rápida e eficiente a fabricação, diluindo custos operacionais, tornando-os acessíveis à massa de milhões de consumidores, desejosos de usufruírem as comodidades e os confortos que os modernos e práticos bens possibilitavam.

Com o apoio financeiro e suporte tecnológico introduzidos pelos americanos, os empresários e executivos europeus ocidentais em pouco tempo recuperaram seus parques industriais, passando a fabricar os produtos que faziam sucesso nos EUA. A população, recuperando seu poder aquisitivo com a retomada do emprego e da economia, passou a adotar e usufruir do "The American Way of Life".

Enquanto isso, a Europa Oriental, capitaneada pelos russos, priorizava e concentrava seus esforços na industrialização visando seu poderio militar, onde atingiam níveis altíssimos de qualidade, em detrimento dos bens para uso da população, carente de produtos modernos de bons atributos e vivendo, inclusive, com escassez de alimentos.

Com uma classe dirigente tradicionalmente empreendedora, de alta qualidade e capacidade, e com um povo inteligente, educado e preparado para as diversas atividades da sociedade, embora sofrido pelas diversas guerras, mas contudo, e por isso mesmo, moldado por um espirito de dedicação e resiliência, logo, grandes corporações empresariais europeias ocidentais, recuperadas ou sendo formadas, investindo pesadamente em novas tecnologias e desenvolvimento de produtos, ampliaram seus tentáculos e partiram para recuperar seus mercados ou conquistar os novos que se desenvolviam no período pós-segunda guerra. Agora não mais com mercados cativos representados pelas colônias, mas em um mercado fortemente competitivo com os americanos e os novos players, que começaram a surgir no continente asiático, disputando palmo a palmo o mercado mundial.

O JAPÃO E OS TIGRES ASIÁTICOS

O Japão possui uma cultura vastíssima, cultivada ao longo dos milhares de anos de existência humana na ilha, com uma tradição militar rígida e um código de ética rigoroso desenvolvidos pelas inúmeras guerras e disputas internas pelo poder, formado por um quadro social de completa submissão e obediência do povo aos seus governantes, tidos como divinos.

Isolados, mas por isso mesmo protegidos do continente, pelo Mar do Japão, o arquipélago sofreu pouca influência externa e pouco riscos de invasão. No século XVII, navegantes portugueses aportaram na ilha, encontrando uma guerra intestina pelo poder. O clã dos Tokugawa, vencedora da disputa, estabeleceu uma ditadura militar em 1603, conhecida como Xogunato Tokugawa. O primeiro xogum da família, Ieyasu, determinou o isolamento completo da ilha, expulsando estrangeiros, ateando fogo aos navios e barcos, impedindo que os inimigos buscassem armas e exércitos no estrangeiro, mantendo um rígido controle interno.

O bloqueio perdurou até 1868, quando se deu a Restauração Meiji, começando um novo período imperial. Iniciou-se, então, a modernização do país, pondo fim ao período feudal e ao insulamento, buscando o desenvolvimento econômico através da industrialização e abertura comercial com o exterior.

Com território limitado, na maior parte constituído por montanhas e terras não agriculturáveis, com escassos recursos naturais de minérios e carvão, o Império militarizou-se e partiu para conquistar áreas estrangeiras para garantir o suprimento de alimentos para o povo e matérias primas para sua crescente indústria. Destarte, o Japão, nas primeiras décadas do século XX, conquistou e colonizou toda a faixa litorânea da Ásia até as ilhas do Arquipélago Malaio, culminando com a invasão e domínio de toda a região da Manchúria, na China.

Os poderosos militares japoneses, com o intuito de garantir o total domínio da região, decidiram destruir a base militar americana no Hawai, bombardeando Pearl Harbor em 1941, o que acabou provocando a entrada dos Estados Unidos na Segunda Guerra Mundial ao lado dos Aliados- Inglaterra e França - contra os países do Eixo – Alemanha, Italia e Japão.

No conflito, os americanos dominaram completamente o Império Japonês, culminando com o lançamento de duas bombas atômicas – Hiroshima e Nagasaki – o que levou à rendição do Imperador em 1945.

O Japão teve várias cidades destruídas, suas instalações industriais bombardeadas, sua economia desarranjada e a moral de seu povo quebrada com a imagem humilhante de seu imperador, tradicionalmente considerado invencível, rendendo-se ao comando americano, sendo obrigado, inclusive, suprema desonra, de se dirigir ao povo, em uma transmissão de rádio, comunicando a derrota – considerado uma divindade, o Imperador jamais falara em público.

Dominado e supervisionado pelos americanos, o Japão procurou reconstruir o país destroçado territorial e espiritualmente. Povo obediente e disciplinado, com uma elite empresarial altamente capaz e eficiente, rapidamente encontrou seu caminho de estabilidade e prosperidade. Impedidos de qualquer produção de produtos bélicos, obrigados, inclusive, de desconstituir suas forças armadas, concentrou sua força industrial na produção de bens para recompor os lares das famílias japonesas.

Práticos, vislumbrando altos lucros, controlando militarmente o país, os americanos investiram na reconstrução da economia japonesa. Os empreendedores e executivos japoneses, antigos ou novos, altamente competentes, enérgicos e experimentados, contando com uma força de trabalho extremamente devotada, dócil e obediente, rapidamente reergueram os edifícios e infraestruturas esfacelados, reorganizaram o comércio e puseram suas fábricas para produzir.

Em contato com os modernos produtos importados dos Estados Unidos, os industriais e técnicos japoneses reproduziam os modelos e os fabricavam em maquinários comprados dos americanos. Com uma mão de obra barata – o povo, precisando dos empregos, sujeitavam-se aos baixos salários e precárias condições – os fabricantes japoneses abasteciam o mercado interno, modesto em razão do baixo poder aquisitivo, e buscavam o mercado externo para venderem as cópias dos produtos americanos por um preço bem mais abaixo. A qualidade dos produtos era inferior, mas, por serem bem mais baratos, ganhavam mercados não muito exigentes.

Akio Morita, um jovem formado em física, oficial da Marinha Japonesa durante a Segunda Guerra, conheceu um brilhante engenheiro, Masuro Ibuka, com quem trabalhou em projetos de pesquisas durante o conflito. Finda a guerra, os dois decidiram abrir uma empresa para produzir os modernos aparelhos de comunicação. A família de Akio, tradicional fabricante de saquê, investiu na formação da empresa, que se denominava, em inglês, Tokyo Telecommunications Engineering. Ambicioso, responsável pela área de vendas e marketing, Morita sonhava conquistar o mercado americano. Para alcançar seus objetivos, foi morar com sua família nos Estados Unidos a fim de conhecer a cabeça dos americanos, seus gostos e atitudes, seu modo de vida e a maneira de comercializar e produzir. Isso foi importante para a produção de bens compatíveis com o gosto americano e o desenvolvimento de novos produtos para conquistar um mercado com alto poder aquisitivo, sofisticado e ávido por inovações.

O grande obstáculo a ser transposto inicialmente pela jovem empresa era apresentar produtos à altura do fortemente competitivo mercado americano. Resolvida esta parte, o grande desafio era adequar a empresa para atender os primeiros pedidos de milhares de peças.

O sucesso da empresa no mercado americano foi de tal monta que Akio convenceu seus pares a mudar o nome de Tokyo para SONY, que além de remeter para o termo latino de Sonus, som, lembrava a gíria americana de "Sonny Boy", que significava rapazes bonitos e inteligentes. A empresa se integrava de corpo e alma na cultura americana.

Outras companhias japonesas seguiram o mesmo caminho desbravado pela Sony e entravam no mercado americano tais como a Panasonic, Mitsubishi, Toyota, Toshiba e a Sanyo.

Extremamente competentes, criativos, imbuídos do espírito inovador americano, os japoneses conquistaram, também, o mercado europeu e de outros países emergentes.

Assim como no começo do século XX, a indústria japonesa pós-guerra tinha dificuldade em garantir matéria prima para sua crescente produção. Internamente, não tinha como preencher suas necessidades. Por outro lado, com pleno emprego, os salários da força trabalhadora aumentaram significamente, bem como a exigência de direitos trabalhistas.

A solução foi voltar-se, uma vez mais, para os territórios adjacentes. Agora não mais com o espírito de colonizador, dominando militar e economicamente outros territórios. A estratégia foi de aproveitar o enorme capital que se acumulava, a grande capacidade empresarial dos empreendedores e executivos, o know-how desenvolvido, investindo em unidades fabris em alguns países que tinham acesso a matérias primas e insumos, dotados de amplo mercado de mão de obra com baixos salários. Assim, o capital e a força produtiva japoneses conquistaram a Coréia do Sul, Taiwan, Hong-Kong e Cingapura. Com a produção fabril voltada para a exportação, estes países cresceram rapidamente e passaram a ser reconhecidos como "Os Tigres Asiáticos". Assim nasceram ou se desenvolveram grandes corporações que se expandiram pelo mundo: Samsung, LG, AOC, TCL...

AMAZÔNIA, PATRIMÔNIO BRASILEIRO

A Amazônia Legal corresponde a 59% do território nacional. Constitui-se em uma área que envolve nove estados brasileiros. Nesse espaço, está inserida a floresta amazônica, que corresponde a cerca de 49% do Brasil e que ocupa, também, parte das áreas de oito países fronteiriços.

O ambiente mundial, pós Segunda Guerra, era fortemente beligerante, tempos quentes da Guerra Fria, embate entre Estados Unidos e União Soviética pela supremacia planetária e espacial. Cada Império procurava consolidar seus domínios e influências ao mesmo tempo que agia para avançar sobre o campo inimigo. O Brasil era cobiçado pelos dois protagonistas mundiais pela amplitude de seu território, pela posição geográfica privilegiada, por suas riquezas agrícolas e minerais e por um mercado consumidor em franca expansão. Particularmente, a cobiça de ambos era voltada para o domínio territorial da Amazônia, riquíssima pela biodiversidade, pela quantidade de enormes rios, pelo potencial de existência de grandiosa riqueza mineral, e, naturalmente, pela exuberante floresta tropical, a maior do planeta, constituindo um vigoroso pulmão do mundo, mundo este que se tornava cada vez mais poluído pela crescente industrialização nos Estados Unidos, Europa e Japão. Temia-se pela invasão e domínio da Amazônia por uma das potências, que já tinham justificativas para a ação: ocupar um imenso vazio de população para preservar a natureza, garantir a sobrevivência do planeta, dando a entender que o país não tinha capacidade de administrar essa importantíssima área ambiental, que eles consideravam como patrimônio da Terra e, portanto, deveria estar em mãos mais competentes e seguras.

A Amazônia já tinha tido duas oportunidades de desenvolvimento e ocupação territorial com o ciclo da borracha. O principal período foi de 1879 a 1912 e o segundo nos anos 1942 a 1945.

Criado pelo americano Charles Goodyear em 1839, o processo de vulcanização da borracha natural permitia um material de muita força, elasticidade e resistência às temperaturas baixas e altas, que era empregado na fabricação de correias, largamente usadas nos equipamentos da indústria têxtil, na fabricação de luvas e dos pneus, usados inicialmente nos coches e carroças, posteriormente na indústria automobilística.

O processo de vulcanização é a mistura do látex com enxofre. A matéria prima é obtida das seringueiras e serve à planta como cicatrizante quando apresenta algum corte em seu tronco ao ser atingida por algum objeto. Extrai-se o produto fazendo uma abertura no caule, recolhendo o material em uma vasilha presa ao tronco.

A Amazônia, riquíssima em seringais, sofreu uma invasão, a partir de 1879, de trabalhadores para extração desse ouro branco, que era bem pago pelos ingleses que comercializavam e distribuíam o produto na Europa e Estados Unidos.

No primeiro ciclo da borracha, centenas de milhares, principalmente nordestinos, foram levados para as matas amazônicas, extraindo, ao longo do período, toneladas de látex que os grandes comerciantes pagavam barato e vendiam a régios preços aos negociantes ingleses, que saldavam em libra esterlina.

As cidades de Manaus, no Amazonas, Belém, no Pará, e Porto Velho, Rondônia, viveram um período de enorme riqueza. Nesse período, a borracha representava 40% das exportações brasileiras. Toda essa riqueza permitiu um surto de construções de casas, palacetes, teatros, cinemas, mercados, sistemas de água e esgoto, eletrificação, transporte de bondes...

Companhias de ópera europeias apresentavam-se no belíssimo Teatro de Manaus, filmes do auge do cinema mudo americano eram exibidos no cinema de Belém antes que chegassem ao Rio de Janeiro. A elite comercial amazônica viajava com a família para a Europa e Estados Unidos, trazendo as novidades mais recentes da nascente indústria de produtos eletroeletrônicos. Os anos de 1890 a 1920 são considerados a "Belle Époque Amazonense".

Na expansão da área de exploração do látex, os seringueiros invadiram as terras bolivianas, provocando tensão entre os dois governos. O Barão de Rio Branco liderou a diplomacia brasileira que negociou a compra de uma extensa área do país vizinho, dando origem ao estado do Acre.

Tanto os empresários quanto os políticos locais não foram previdentes em conservar e dinamizar a enorme riqueza que circulava na região. Mesmo o governo central, tanto no final da Monarquia como no princípio da República, não teve a competência de proteger e perenizar esse enorme desenvolvimento econômico amazônico, mais interessado nas lavouras cafeeiras e na criação de gado no Sudoeste. Dominados pelos latifundiários cafeicultores e pecuaristas, os sucessivos governos não voltavam os olhos para a distante região de floresta.

Sem proteção e controles, foi muito fácil para os ingleses contrabandearem sementes de seringueiras e plantarem na Malásia e na África Tropical de um modo mais racional e fácil de produção e extração, de tal sorte que os preços brasileiros ficaram inviáveis, provocando a decadência da extração e das economias locais.

Em 1942, com a invasão japonesa, durante a Segunda Guerra Mundial, aos países da Indochina, sem fonte do precioso látex, os americanos investiram na Amazônia reativando a extração do material. Patrocinaram a ida de mais de cem mil nordestinos, pagando cem dólares por cada trabalhador, para as matas amazônicas, contingente que chamavam de "Soldados da Borracha", tão importantes quantos os que participavam do cenário de guerra, para extração da relevante matéria prima para a indústria bélica e de transporte.

Esse novo ciclo demorou pouco, indo até 1945. Com a derrota do Japão, os americanos dominaram a Indochina, restabelecendo o fluxo do látex para o ocidente a custo bem mais barato. Piorando a situação para os extrativistas, os pesquisadores americanos desenvolveram a borracha sintética, muito mais barata e abundante.

A grande maioria dos imigrantes nordestinos foram abandonados à própria sorte, morrendo de doenças ou por ataques de animais no meio da floresta. Uma parte foi viver na periferia de Manaus em condições precárias e outros voltaram para suas terras de origem por sua própria conta e risco. Assim terminaram os "Soldados da Borracha".

A economia amazonense minguou e as cidades estagnaram.

Assumindo o poder em 1964, dentro dos planos estratégicos elaborados pelos estudos das academias militares para a expansão econômica do país, a ocupação e desenvolvimento de todos os espaços territoriais, o governo do Marechal Castelo Branco consolidou e pôs em prática o plano de criação da Zona Franca de Manaus, idealizado nos tempos de Juscelino. Com a implantação de um polo industrial no coração da floresta, esperava-se atrair migrantes, povoando o pouco habitado território. Com dispensa de impostos de importação, criou-se uma zona comercial de produtos mundiais que eram impedidos, por medidas protecionistas, de adentrar nos mercados brasileiros. Com a medida, seriam atraídos turistas que visitariam a região não só por suas exuberantes belezas e singulares exotismos, mas, também, pela possibilidade de comprar produtos de última geração industrial. Com isenção de impostos de importação e exportação, além de outros incentivos tais como financiamentos fartos, reduções ou liberações totais de impostos federais, estaduais e municipais, terrenos sem custos para erguer a planta produtiva, criava-se a possibilidade de implementar uma forte indústria montadora com componentes estrangeiros de última geração, o desenvolvimento de peças nacionais para atender à exigência de uma porcentagem de componentes produzidos localmente e instalação de centros de pesquisas e desenvolvimentos de produtos.

Com a Zona Franca de Manaus, o governo punha em prática sua política desenvolvimentista fortemente lastreada na moderna industrialização e atendia aos anseios de ocupação dos enormes espaços vazios, de acordo com as políticas de integridade e segurança nacionais consubstanciadas no lema ufanista: "Integrar para não entregar".

O POLO INDUSTRIAL DE MANAUS

Eugênio Staub chegou à Manaus na primeira semana de setembro de 1972. Jovem empreendedor, havia comprado uma pequena empresa montadora de aparelhos de som e sonhava em se tornar um grande industrial do ramo.

Sobrevoando por cerca de três horas a imensidão verde da exuberante Floresta Amazônica, entrecortada por caudalosos e serpenteantes rios, Eugênio avaliava as dificuldades de se implantar, em uma região distante do mercador consumidor e dos fornecedores de matérias primas e componentes, um polo industrial. Sabia que as alternativas de transporte eram pelo Rio Amazonas ou por via aérea, pois não havia comunicação terrestre pela posição geográfica de Manaus, incrustrada no meio da densa, compacta e enorme mata. Por avião, só seriam possíveis alguns produtos não volumosos e, mesmo assim, só se precisassem abreviar o tempo de transporte em razão de urgência da entrega do produto, pois o frete era muito caro. Pelo rio, o destino era Belém do Pará onde a carga seria enviada para os principais centros comerciais, sul e sudeste, por caminhões que cruzariam a longa Belém-Brasília em meio à deserta floresta ou por cabotagem, navios costeiros que levariam as cargas até os principais portos do Sul e Sudeste. Tanto um meio como o outro, levando quase um mês para alcançar o destino. Lá do alto, da imensidão azul do céu contrapondo-se aos múltiplos tons de verde da vegetação que se estendia a perder de vista, Eugenio percebia a grandeza da Amazônia e o tamanho da dificuldade.

O POLO INDUSTRIAL DE MANAUS

Em terra, constatou que pouquíssimas empresas fabricantes estavam estabelecidas: Sharp, CCE, Springer, uma fábrica de solda e uma de sacos de juta. Observou a falta de infraestrutura e profissionais especializados. Constatou a disponibilidade de muita mão de obra, de pessoas que já estavam na cidade e outras que chegavam atraídas, da mata, pela oportunidade de trabalho que a implantação da Zona Franca e do Polo Industrial prometia. Gente que não tinha nenhuma experiência com comércio ou fabricação e que tinha hábitos próprios de uma região quente e úmida, dada a frequentes temporais, ocasiões que deixavam de comparecer ao trabalho, acostumados com o trabalho extrativo na floresta: quando chovia não dava para trabalhar.

Contrapondo-se às partes negativas, Staub notava um clima de exaltação contagiante na cidade e dos envolvidos com a implantação do programa desenvolvimentista: políticos, dirigentes e funcionários dos órgãos oficiais. Respirava-se não só o ar quente do clima, bem como o calor do entusiasmo dos amazonenses em resgatar o período áureo dos tempos da borracha. Este ambiente deu alento e confiança ao jovem empresário.

Eugênio soube da Zona Franca de Manaus através de um amigo da Springer, que já se instalava na região. Ao estudar os incentivos que os governos federal e estadual disponibilizavam para as empresas, seu espírito ficou incendiado com a grande possibilidade de realizar seu sonho de se tornar um destacado empreendedor. Com a experiência adquirida com o pai com o comércio exterior e os contatos com fornecedores de componentes, externos e internos, contaminado com a efervescência do mercado interno brasileiro, influenciado pelo grande boom industrial que observou nos Estados Unidos, Europa e Japão, imediatamente providenciou todos os trâmites para formalizar a empresa: erguer a planta industrial; adquirir os maquinários e equipamentos; importar os componentes e insumos estrangeiros; adquirir os materiais nacionais para satisfazer a quota mínima; contratar e treinar a mão de obra.

Em meados do ano seguinte, 1973, inaugurou sua pequena, contudo promissora, indústria de equipamentos de som em Manaus: a Gradiente.

A partir dessas pioneiras empresas, Manaus desenvolveu-se vertiginosamente, passando de uma cidade de 175.343 habitantes em 1960, para mais de dois milhões na atualidade. As mais de quinhentas indústrias, hoje instaladas em seu polo, elaboram e vendem produtos que geram bilhões de dólares anualmente, vendidos para o mercado interno e para o exterior. O perfil fabril é de produtores da linha marrom, ar condicionado, veículos de duas rodas e bioquímico.

Estuda-se, atualmente, uma rota de transporte rodo-fluvial pelo Equador que alcançaria o Oceano Pacífico, o que dinamizaria as exportações para os países da costa leste sul americana e facilitaria as importações dos componentes asiáticos.

Em meio às polêmicas sobre as renúncias fiscais do governo federal no Polo Industrial Amazônico, um estudo desenvolvido e elaborado pela Fundação Getúlio Vargas conclui que o impacto sobre a economia regional e a preservação da floresta, quanto mais crescimento menos desmatamento, compensam as perdas de impostos.

Além de ser um importante polo industrial brasileiro, A Zona Franca de Manaus contribui para a proteção da floresta, o povoamento, o desenvolvimento e a integração da região no concerto nacional.

A TERCEIRA REVOLUÇÃO INDUSTRIAL

Em 1945, no apagar das luzes da segunda guerra mundial - a Alemanha já tinha se rendido aos aliados na Europa - os Estados Unidos lançaram duas bombas sobre as cidades japonesas, Hiroshima e Nagasaki, que levaram à rendição do Japão. Estas duas bombas eram resultado do desenvolvimento tecnológico dos cientistas e da indústria armamentista americana: o homem havia dominado a técnica de fusão do núcleo atômico. Em pouco mais de meio século do desenvolvimento do uso da eletricidade, utilizando geradores ou quedas d'águas, uma nova fonte fora desenvolvida: a energia nuclear. Apocalíptico como arma de guerra, contudo uma solução de geração de eletricidade quando usada para fins pacíficos.

Outra arma de guerra, desenvolvida pelos alemães, foram os foguetes para lançamento das bombas V2 que atravessavam o Canal da Mancha para produzir danos em Londres e outras cidades inglesas. Os cientistas tedescos desenvolvedores do projeto, aprisionados no final da guerra, foram levados para os Estados Unidos e Russia, onde colaboraram para desenvolver e construir os foguetes que levaram, ao espaço, o homem e os satélites que orbitam ao redor da Terra equipados com instrumentos e equipamentos que tornam possível a comunicação instantânea de e para qualquer parte do planeta. Assim tornou-se mundial as transmissões de rádio, televisão, telefonia e de dados, pela internet ou pelos smartphones.

A TERCEIRA REVOLUÇÃO INDUSTRIAL

O desenvolvimento de semicondutores, do transistor e dos circuitos integrados (chips), no período pós término da II Guerra, proporcionou uma revolução da eletrônica, decretando a aposentadoria das válvulas, permitindo mais qualidade, praticidade e diminuição dos preços dos televisores e rádios, possibilitando o surgimento, inclusive, dos aparelhos portáteis, promovendo avanços consideráveis nos computadores e o surgimento dos PCs — computadores pessoais - tablets, celulares, smartphones e robots.

A biotecnologia teve um enorme incremento com o desenvolvimento de equipamentos sofisticados para diagnósticos, como a ressonância magnética, ou para complexas e delicadas cirurgias, como o transplante de coração.

Com esses avanços tecnológicos, a humanidade chegou na Terceira Revolução Industrial. O mundo se conectou e se modificou, tornou-se uma verdadeira aldeia global, a produção industrial desenvolveu-se exponencialmente, a globalização intensificou-se, criaram--se corporações mundiais produzindo bens em diversos países e encontrados em qualquer parte do planeta. Simplificou-se e agilizou-se os sistemas comerciais e bancários. Acentuou-se os transportes marítimos e aéreos, com uma profusão de enormes embarcações e aeronaves cruzando os mares e os espaços aéreos transportando produtos industriais, matérias primas e alimentos. Revolucionou-se a produção industrial, informatizando os processos produtivos e com o emprego de robots substituindo a mão de obra humana, tornando os processos mais rápidos e eficientes, produzindo em enorme escala, o que barateou os preços, permitindo o acesso aos modernos bens à toda humanidade.

A GLOBALIZAÇÃO

Nos anos 1970 e 1980, consolidava-se uma nova política econômica mundial, integrando os diversos mercados e descentralizando a produção dos bens, que adquiriam a mesma cara em qualquer lugar do planeta: a globalização.

O comércio entre as regiões, no plano ocidental, desenvolveu-se com os Fenícios entre os anos 1200 e 800 AC. Viviam na região onde é, hoje, o Líbano e a Síria. Com suas caravanas e barcos, atuavam intensamente nas cidades do Oriente Médio, Europa e África, banhadas pelo Mar Mediterrâneo.

Na Idade Média, caravanas de mercadores de cidades da Europa percorriam longos caminhos da Rota da Seda para atingir a Ásia a fim de vender seus produtos e comprar a produção das riquíssimas sedas, especialidade chinesa. Historicamente, ficou famoso Marco Polo, natural de Veneza, pelas suas expedições orientais no princípio do século XIV.

Com as caravelas espanholas e portuguesas do final do século XV, começou a globalização dos mercados mundiais, com intercâmbios entre todos os continentes. A política empregada foi a colonização das Américas, África e Ásia, e, posteriormente, a Austrália, pelos governos de Espanha, Portugal, Inglaterra e França ou mantendo entrepostos comerciais em cidades asiáticas. Companhias particulares para a exploração do comércio mundial foram criadas, com a mesma prática de colonização, por investidores holandeses: Companhia das Índias Ocidentais e Companhia das Índias Orientais. Navios abarrotados de mercadorias eram enviados para serem comercializados nas colônias e voltavam repletos de produtos agrícolas, matérias primas e metais preciosos.

Esse movimento colonizador subjugou os povos que viviam nas Américas e África, escravizando-os para o trabalho nas lavouras de monocultura de produtos que pudessem ser transportados para a Europa sem se deteriorar, como o açúcar da cana ou o algodão. Como os indígenas das Américas não tinham índole para o labor sedentário da lavoura, desenvolveu-se o comércio de escravos negros, transportando, ao longo de três séculos, milhões de seres humanos nascidos na África, trabalhadores afeitos à natureza do trabalho agrícola, como mão de obra para as colônias espalhadas pelo continente americano.

Na Ásia, os europeus encontraram civilizações mais desenvolvidas e organizadas. Estabeleceram entrepostos para a comercialização, levando para a Europa, principalmente, especiarias e a seda. Em algumas regiões, menos desenvolvidas, tomaram posse como colônia.

Essa globalização e intensificação do intercâmbio comercial entre os continentes, com os europeus vendendo seus produtos para seus mercados cativos e importando mercadorias e matérias primas para atender à crescente população europeia, além das toneladas de metais e pedras preciosos, geraram um acúmulo de capital de tal forma, principalmente para as mãos inglesas, que permitiu o desenvolvimento de conhecimentos teóricos e práticos que levaram à Primeira Revolução Industrial, caracterizada pelo uso intensivo dos motores à vapor, a partir do final do século XVIII.

Dominando a tecnologia da nova força motriz, a Inglaterra desenvolveu suas indústrias têxtil, siderúrgica e ferroviária. Com os novos conhecimentos, os empreendedores britânicos incrementaram sua indústria naval. Suas embarcações dotadas de motores à vapor e casco maiores de aço, transportavam muito mais mercadorias em um tempo menor. As indústrias inglesas vendiam toneladas de tecidos, motores, máquinas, navios, locomotivas e os componentes ferroviários, transportados pela enorme frota naval, que tinham a cobertura de segurança de poderosas embarcações de guerra comandadas por uma marinha de altíssima competência e que transportavam um poderoso exército para qualquer parte do planeta.

O eixo do poder mundial deslocou-se para a América do Norte a partir da primeira guerra mundial. Nesta altura, economicamente, os americanos já eram poderosos, mas sua produção era voltada basicamente para o mercado interno, timidamente agiam externamente. Com o conflito de 1914, os EUA começaram a ocupar o espaço que a Europa, principalmente a Inglaterra, deixava em decorrência de suas preocupações de guerra. Com um exército e marinha já experimentados localmente, uma indústria bélica desenvolvida, começaram a se projetar mundialmente ao entrar na guerra ao lado dos ingleses. O período coincidiu com o nascimento da indústria automobilística e dos bens de utilidades domésticas movidos à eletricidade. Centenas de empreendedores americanos criavam, desenvolviam, produziam e vendiam milhões de novos produtos. Com o vácuo deixado pelos europeus, os americanos ocupavam o espaço vendendo não só os produtos há muitos comercializados principalmente pelos ingleses bem como a safra desses novos produtos que começaram a ser cobiçados pelos mercados internacionais.

Com a Segunda Guerra Mundial, 1939-1945, definitivamente os Estados Unidos passaram a dominar o mundo ocidental, militar e comercialmente. Proeminentes, assumiram a defesa e o comando das ações do ocidente contra o Império Russo, unificado no leste europeu e boa parte da Ásia como URSS – União das Repúblicas Socialistas Soviéticas – e que dominavam países na Europa que faziam divisas com os países Aliados, tendo, também, tentáculos em várias partes do mundo.

Buscando conter a expansão comunista russa, ao mesmo tempo que procurava expandir suas áreas de influência sobre o campo inimigo, os EUA vendiam a imagem de um país moderno, democrático, empreendedor, criativo, em suma, um sistema político e econômico que tinha a capacidade de proporcionar à sua população uma qualidade de vida jamais desfrutada pelo ser humano, atributos que o marketing político e comercial americano apresentavam como "The American Way of Life".

Ao dar suporte à recuperação econômica europeia no pós-segunda guerra pelo "Plano Marshall", com a presença militar na Europa para impedir uma invasão russa, os americanos impunham seu estilo de vida como modelo de reconstrução, vendendo seus produtos fabricados em seu território ao mesmo tempo que se associavam ou financiavam os industriais europeus a produzirem suas mercadorias bem ao estilo americano. Logo os grandes empreendedores europeus se capitalizaram e ampliaram seus mercados vendendo sua produção nas antigas colônias e velhos parceiros comerciais, ou montando indústrias para fabricação local de produtos tipo americano.

Derrotando o Japão, em 1945, os americanos dominaram amplamente o país, impondo seu feitio. Os fabricantes nipônicos, reorganizando sua produção, copiavam os produtos americanos para, principalmente, tentar vender nos Estados Unidos, o que acabaram conseguindo em razão de sua mão de obra bem mais barata.

Adotando o jeito estadunidense e vendendo para o mercado americano, o Japão recuperou-se rapidamente, capitalizou-se e investiu na Coreia do Sul, em Taiwan, em Hong Kong e em Cingapura, buscando proximidade com o fornecedor de matérias primas e associando-se com empreendedores locais, aproveitando a mão de obra abundante e mais em conta, para produzir e vender seus produtos para o mercado internacional.

Os norte-americanos, dominando militarmente grande parte da região, impunham seu estilo de vida e de produção, e, investindo juntamente com os japoneses, criaram os "Tigres Asiáticos", que passaram a abastecer o mundo com produtos com a cara americana a preços asiáticos, bem baratos.

Com a economia em expansão, altamente capitalizados, tecnologicamente equipados, com um quadro de executivos e técnicos altamente capacitado, as grandes marcas erguiam plantas industriais nos diversos países, aproveitando a proximidade das matérias primas, mão de obra mais barata e os crescentes mercados locais. Além da capacidade financeira acumulada, as empresas globalizadas se aproveitavam do enorme mercado financeiro mundial tanto para vender ações dos seus empreendimentos quanto para garantir empréstimos para o financiamento da produção e venda aos consumidores.

O poderio financeiro do mercado internacional de capitais aliou-se ao enorme know how e desenvolvimento tecnológico e administrativo das grandes corporações e avançou sobre um mercado sem fronteiras, promovendo aquisições ou fusões para alcançarem escala mundial de produção ou estabelecendo parcerias entrando com a tecnologia e o know-how.

O mundo, assim, globalizava-se.

Com a derrubada do Muro de Berlim em 1989, a globalização avançou sobre a Europa Oriental, ávida por alcançar o mesmo padrão dos ocidentais.

A Índia, país com dimensão continental, é uma sociedade milenar. Até sua independência da Inglaterra, em 1948, foi um país essencialmente agrícola, explorada pelos britânicos. Timidamente começou sua industrialização, enfrentando enormes problemas por ter uma população, naquela altura, se aproximando de um bilhão de habitantes com baixíssima renda per capita e com quase metade do povo vivendo na linha de muita pobreza. A partir dos anos 1990, principalmente no começo do século XXI, a industrialização ganhou corpo e passou a ter um peso considerável na economia. Conectada à terceira revolução industrial, formou um importante centro de desenvolvimento de softwares que abastece o americano Vale do Silício e o mundo, tornando-se referência em TI e na formação de jovens nesta área.

O continente australiano, colonizado pela Inglaterra e até meados do século XX essencialmente agrícola, desenvolveu sua indústria a partir do início do processo de globalização, passando a ter uma importante participação no mercado regional.

A África, continente muito heterogêneo sócio-culturalmente e politicamente instável, está cada vez mais inserido na globalização, com muitas indústrias se instalando em países apaziguados e mais consistentes, produzindo os mesmos bens mundiais.

O movimento de globalização tornou-se planetário com a surpreendente entrada no mercado da China. Em pouco mais de três décadas, o país passou de uma nação agrícola, com um sistema de organização de sociedade falido, com a economia e o ambiente político conturbados, a um país de maior crescimento econômico, politicamente estabilizado, embora não democrático, controlando o aumento populacional, superando todas as grandes economias mundiais, com exceção dos Estados Unidos, produzindo os mesmos produtos globalizados com menores preços, absorvendo tecnologias consagradas mas desenvolvendo outras que conquistam o mundo. O enorme capital acumulado em poucas décadas é aplicado aos trilhões de dólares para sua expansão mundial, estando presente em todos os países, inclusive nos Estados Unidos, onde concentra mais de um trilhão de dólares no mercado de ações e outro tanto investido em títulos do governo americano.

A ABERTURA

Nos anos 1940 e 1950, com o começo das indústrias da Segunda Revolução Industrial no Brasil, os governos procuraram incrementar e proteger as incipientes empresas nacionais da concorrência estrangeira, com tecnologia e escala de produção que chegavam em nosso mercado com preços muito mais competitivos e bens de melhor qualidade.

Nos anos 1960, no poder, os militares puseram em prática suas teses nacionalistas, desenvolvidas nos seus centros de estudos estratégicos, de um pais potência econômica, moderno, pujante e autônomo. Fizeram reformas tributárias, como a criação do ICMS (Imposto sobre Circulação de Mercadorias e Serviços), trabalhistas, criando o FGTS (Fundo de Garantia por Tempo de Serviço) em substituição a política de estabilidade do emprego a partir de nove anos de trabalho na mesma empresa, e fiscais.

Promoveram o incremento da industrialização concedendo incentivos e financiamentos, puseram em prática a Zona Franca de Manaus e estabeleceram medidas de proteção, como taxação de importados, substituição de importação – incentivando o produto nacional e proibindo o estrangeiro - e reserva de mercado – impedindo que os produtos da Terceira Revolução Industrial fabricados no exterior entrassem no Brasil.

As medidas tinham os aspectos positivos de impedir que as novas empresas brasileiras fossem sufocadas pela estrangeira, muito à frente em desenvolvimento tecnológico, produzindo em grande escala e com capital à vontade para financiamento da produção e comercialização.

Nos anos 1970, o Brasil, como o mundo todo, sofreu com as duas crises do petróleo e com a crise dos juros internacionais, que avançou nos anos 1980, tornando o capital externo caro e escasso.

O desarranjo econômico, com a inflação galopante, sem controle, levou à crise política, pondo fim ao período ditatorial dos militares e um início tumultuado da retomada democrática, com lances dramáticos como a morte de Tancredo Neves, grande esperança de um Brasil novo, antes de assumir a Presidência, o desastre da gestão do substituto José Sarney, com três planos econômicos que fracassaram e elevaram a inflação à patamares de 80% ao mês, e o breve e tumultuado governo do primeiro presidente eleito da retomada democrática, que confiscou todo o dinheiro do sistema financeiro e, envolvido por escândalos de corrupção e sem apoio do congresso, sofreu um grave processo de Impeachment, vindo a renunciar antes que se consumasse sua derrubada.

Esse período turbulento e instável da vida política e econômica do Brasil teve como consequência a não consecução dos objetivos propostos de um Brasil desenvolvido tecnologicamente e de formação de grandes conglomerados que, a exemplo do Japão e dos Tigres Asiáticos, atingissem escala de desenvolvimento e produção para competir em pé de igualdade com os grandes concorrentes internacionais.

Os empreendedores nacionais tinham a ambição, expertise, talento, determinação, voluntariedade, tanto que muitos criaram empresas de expressão e de sucesso, contudo dentro dos limites geográficos do país, não obtendo escala, com raras exceções, para alçar voo internacional e competir com os gigantes mundiais. Pelas crises fiscais e de endividamento do país, as linhas de crédito ao Brasil foram cortadas, tendo, inclusive, de recorrer ao FMI – Fundo Monetário Internacional – que impunha medidas amargas na economia para entregar os recursos para o país não quebrar.

Pagando juros estratosféricos, sem acesso à créditos mais em conta no mercado internacional ou com credibilidade para lançar ações em Wall Street, como as empresas estrangeiras tinham em abundância, para financiar a produção em grande escala, o desenvolvimento tecnológico e administrativo para lutar em pé de igualdade com os players internacionais, os empresários brasileiros sucumbiam, desmotivavam-se ou ficavam engessados. Muitos viviam acomodados sob a proteção de políticas protecionistas que impediam a entrada de produtos estrangeiros muito melhores e mais baratos.

Apesar de breve e tumultuado, o governo Collor teve o mérito de promover a abertura comercial para o mercado exterior, que tivera um tímido início no governo Sarney. Com razão, chamava os carros produzidos no Brasil pelas grandes montadoras americanas e europeias de carroças, pois usavam tecnologias e ferramentas há muito abandonadas em suas matrizes. Da mesma forma, o mesmo ocorria com a indústria têxtil, com baixa renovação de seus arcaicos teares, e, também, a indústria eletroeletrônica que apresentava minguados avanços comparados com o que o mundo produzia. O processo de abertura teve continuidade nos governos seguintes, de Itamar Franco e de Fernando Henrique Cardoso.

Ao ser derrubada a muralha protetora de nossa economia, a abertura causou um choque de alta voltagem na indústria que utilizava os recursos da eletricidade para seus produtos a tal ponto que assistimos, a partir de então, a aquisição da maior parte das indústrias dos pioneiros do ramo pelas grandes marcas internacionais, que, a ritmo acelerado em decorrência da fase de globalização da produção mundial, impunham-se com os mesmos produtos encontrados em todos os mercados mundiais. As empresas de informáticas, que eram protegidas pela lei de reserva de mercado, com produtos já considerados pré-históricos da indústria, sucumbiram, restando raras empresas que conseguiram se modernizar.

A ABERTURA

O processo de globalização acelerou-se, em escala mundial, nos anos iniciais do século XXI com a entrada em grande estilo da China, que de maneira extremamente rápida, implantou, desenvolveu e agigantou suas empresas a tal ponto que seus produtos passaram a ser vendidos em toda parte, acumulando enorme fortuna que passou a aplicar adquirindo empresas ou erguendo suas plantas industriais nos principais países, no Brasil, inclusive.

CHINA

País de dimensão continental, terceiro maior do mundo em extensão, a China tem história de civilização há milhares de anos. É marcada por disputas violentas pelo poder ao longo do tempo, tanto entre os habitantes de seu território como de povos inimigos que tentaram ou invadiram seu espaço. Sempre superpovoada – hoje conta com mais de um bilhão e trezentos milhões de habitantes - suas guerras resultavam em milhares de mortos, sendo que algumas ultrapassaram a marca do milhão de baixas, atingindo vários milhões, tanto pela guerra em si como pela fome. No período tumultuado e confuso do "Grande Salto Para Frente", 1958 a 1961, promovido por Mao Tsé Tsung, as mortes por conflitos e fome chegaram a 40 milhões, segundo algumas fontes, ou mais de 50 milhões, segundo outras estimativas. Ao longo de sua história, estima-se, em média, um período por ano de eventos marcados pela fome, resultando em altíssimos números de mortes.

Os chineses, pela sua organização, pelas suas cidades e riquezas, sempre atraíram a cobiça dos povos nômades do norte e oeste. Para conter os ataques ao seu território, há mais de dois mil anos, começaram a construir muralhas, que, ao longo do tempo, foram se unindo, formando um conjunto de mais de 21 mil quilômetros de obstáculos naturais e construções, formando uma linha de defesa, que se estende em um arco do leste ao oeste, conhecida como as "Muralhas da China".

CHINA

Há vários milênios, o país iniciou comércio com árabes, egípcios e europeus. Especialistas na fabricação da seda, atraíam negociantes, que, em caravanas, atravessavam a longa "Rota da Seda" para adquirir o precioso tecido e outros produtos, vendendo, também, suas mercadorias. Por seu lado, os chineses faziam o percurso inverso, comercializando seus produtos. Nos séculos XIV E XV, possuíam uma frota de navios que navegavam pelo sudeste e sul da Ásia, no sul do Oriente Médio e nas costas orientais da África. Há suposições que tenham transposto o Cabo da Boa Esperança muito antes que os portugueses. De qualquer forma, graças ao conhecimento desenvolvido no longo período, habilidades adquiridas, instrumentos desenvolvidos — tinham seu modelo de bússola — os chineses poderiam ter chegado à Europa não fosse a decisão de seu Imperador de destruir sua frota de navios e barcos, em meados dos anos 1400, e fechar suas fronteiras, temendo seus inimigos internos, que poderiam trazer exércitos e armas estrangeiras.

O isolamento permaneceu até meados do século XIX quando a Inglaterra forçou a abertura dos portos instigando duas guerras — as Guerras do Ópio — enfraquecendo a Monarquia, resultando no domínio inglês por longo período.

Em 1925, assumiu a liderança do partido conservador Kuomintang o General Chiang Kai-shek. Com o objetivo de unificar o país, entrou em luta contra os Senhores da Guerra da China, saindo vencedor em 1928, assumindo o comando da República da China. O Partido Comunista, liderado por Mao Tse Tsung, entrou em conflito com o Kuomintang pela disputa do poder e iniciou-se uma guerra civil, que teve uma trégua com a invasão japonesa na Manchúria em 1937 e a segunda guerra mundial, mas retomada em 1947. Em 1949, Mao assumiu o poder e Chiang Kai-shek refugiou-se em Taiwan, ilha em frente ao continente.

À medida em que estabilizava o poder, Mao pôs em prática as teorias comunistas, começando a coletivizar a agricultura. Em 1958, radicalizou com o plano do "Grande

Salto para Frente", adotando uma reforma agrária drástica, acelerando a coletivização do campo, e lançando as bases da industrialização do país. Açodada, a ação foi um grande desastre, desarranjando de tal forma a economia que provocou um período de grande fome que matou milhões de pessoas.

Para enfrentar a oposição, aumentada pelo fracasso do Grande Salto, Mao Tsé-Tsung promoveu a Grande Revolução Cultural Proletária, com o objetivo de liquidar os adversários e coibir qualquer ação contra sua liderança. Formou a Guarda Vermelha composta por jovens oriundos de diversos setores, ideologizada e insuflada por campanhas patrióticas, que passaram a combater todos os que se simpatizavam com a União Soviética ou os Estados Unidos e contrários à política desordenada de Mao. A propaganda maoísta instigava os jovens a denunciarem seus professores, seus chefes no trabalho, seus amigos e mesmo seus pais, se constatassem qualquer ação ou mesmo simples comentário contra a política do "Grande Timoneiro", como, também, era conhecido Mao.

A Revolução Cultural foi alimentada com a distribuição do "Livro Vermelho de Mao", onde eram alinhados todos seus pensamentos, servindo como guia, inspiração e manual para as ações dos comitês revolucionários, que, empunhando um exemplar, como uma bíblia, faziam manifestações e agiam de forma truculenta contra os que se opunham à liderança maoísta ou, simplesmente, eram suspeitos de ser contrários.

Oficialmente, o movimento foi declarado concluído em 1969, porém, na prática, perdurou até a morte do "Grande Timoneiro" em 1976.

Feroz inimigo dos Estados Unidos, entretanto Mao fez uma aproximação com os americanos para contrapor a ameaça da União Soviética de invadir a China. Foi uma manobra audaciosa e com lances espetaculares explorados pela mídia ocidental.

Primeiramente, houve o convite à equipe de tênis de mesa americana para participar de jogos contra os chineses em Pequim, em julho de 1971. Conhecida como

"Política do Ping-Pong", a surpreendente manobra chinesa foi intensamente debatida, comemorada e com total cobertura da imprensa e televisão americanas, acompanhada pelo mundo todo.

Ao mesmo tempo que se desenrolava a diplomacia dos jogos, Henry Kissinger, conselheiro do Presidente dos EUA Nixon, fez uma visita secreta, digna dos melhores filmes de espionagem e diplomacia, à Pequim para estabelecer uma aproximação com os dirigentes chineses, alinhavar ações de cooperação e relacionamento, pavimentando o caminho para uma visita do presidente americano à China.

Em decorrência das novas bases de relacionamento das duas potências, em outubro de 1971, a ONU determinou que a cadeira permanente chinesa no Conselho de Segurança fosse ocupada por Pequim em substituição à Taiwan.

O mundo respirou maravilhado e perplexo, assistindo atento a chegada de Richard Nixon, presidente americano, em Pequim no dia 21 de fevereiro de 1972. Ao lado do chanceler chinês Zhou Enlai, Nixon ouviu o hino americano tocado pela banda do Exército pela Libertação do Povo, fato exaltado por todo telespectador ocidental.

O mundo acompanhou, encantado, os encontros com Mao Tsé-Tsung e demais autoridades chinesas em almoços e jantares, em que as câmeras de televisão e fotógrafos registravam Nixon e sua esposa comendo com hashi – os jornalistas explicavam que eles treinaram bastante para fazer bonito – ou em passeios pelos monumentos históricos. A célebre e surpreendente visita transcorreu em um clima que o presidente norte-americano descreveria, profeticamente, como "a semana que mudaria o mundo".

A China deu os primeiros passos para sua extraordinária mudança econômica após a morte de Mao Tse Tsung. Os momentos iniciais após o falecimento do Grande Timoneiro foram de tensão e disputa entre o grupo que orbitava entorno de Mao e o grupo liderado por Deng Xiaoping. A viúva de Mao, Jiang Qing, liderava um grupo, denominado pelos opositores de "Camarilha dos Quatro", que foi acusado de manobrar a Revolução Cultural e ser responsável pela truculência da Guarda Vermelha. Deng venceu a queda de braço e assumiu o poder. Os quatro membros foram condenados e seus seguidores isolados.

Deng Xiaoping e seu grupo promoveram reformas nos diversos setores da economia, acompanhadas de uma abertura diplomática. Deng foi o primeiro dirigente chinês a visitar os Estados Unidos, no ano de 1979. Procurando atrair investimentos estrangeiros, criou Zonas Econômicas Especiais, onde empresas chinesas poderiam se associar às empresas estrangeiras, inaugurando o que ele chamava de "Economia de Mercado Socialista", admitindo a livre iniciativa e a possibilidade de lucro. O Japão foi um dos primeiros países a investir no país. Logo, o capital de diversas origens se apresentava, na medida em que ganhava corpo a confiança nas medidas dos novos dirigentes e nos rumos da industrialização do país.

O interesse estratégico das grandes potências econômicas mundiais na China – Estados Unidos, Europa e Japão – tinha razão de ser pelo grande potencial de mercado que ela representava. Com, naquela altura, quase um bilhão de habitantes, o país apresentava possibilidades de consumo fabulosos. Essencialmente agrícola, com uma população de baixa renda, grande parte abaixo da linha de pobreza, com uma indústria muito atrasada com relação ao que o mundo apresentava então, era um país em que tudo tinha que ser feito. Com a guinada para o liberalismo econômico promovida pelos novos dirigentes, embora na política mantivesse o mesmo padrão de controle absoluto, sem democracia, a oportunidade de altos lucros movia os investidores internacionais em direção ao novo Eldorado, não só vendendo matérias primas, equipamentos e bens de consumo em geral, mas, também, formando joint ventures para industrializar produtos mais baratos, aproveitando a abundância de mão de obra com baixos salários.

No início dessa industrialização, os bens produzidos eram de qualidade inferior pois não dominavam, ainda, as técnicas avançadas dos grandes centros mundiais, e, também, como estratégia para penetrar nos mercados consumidores internacionais. Em realidade, vendiam mão de obra barata agregada a matérias primas de má qualidade, produtos descartáveis, fabricados em milhões de unidades, que tinham mercado graças aos preços insignificantes. Conseguiam este objetivo em consequência dos grandes incentivos que o governo proporcionava em matéria de impostos, terrenos para construção da planta industrial, infraestrutura e financiamentos a baixo custo. Com isso, era possível dar emprego a milhões de pessoas, grande parte morando em alojamentos ao lado das fábricas, trabalhando da manhã até altas horas da noite, de segunda a sábado, e parte do domingo, a troco de comida e um pouco de dinheiro.

As grandes corporações industriais mundiais abriram enormes unidades fabris na China para produzirem suas criações. O timbre "Made in China" aparecia nas etiquetas de milhões de produtos ao lado das marcas renomadas que os comercializavam.

Graças ao crescente lucro de suas empresas e as entradas maciças de divisas, o governo chinês investiu em educação, pesquisas e desenvolvimento tecnológico. Estimulou sua burguesia capitalista a desenvolver novos produtos, reinvestir seus enormes ganhos no desenvolvimento de suas empresas afim de ganharem o mundo e marcarem presença em todos os países. Os jovens que se destacavam nas escolas ganhavam bolsas para estudarem nas melhores universidades dos países avançados e a fazerem estágios em todos os países, com o fim de entenderem cada praça, seus costumes, suas necessidades e seus hábitos.

Maciços investimentos governamentais em infraestrutura transformaram e modernizaram o país. Os novos capitalistas chineses ergueram prédios nas grandes cidades, não ficando nada a dever às principais cidades americanas.

Seguindo o estímulo e estratégia dos dirigentes governamentais, empresários chineses expandiram seus negócios para os países do sudeste asiático e para a Índia, marcando presença e influência políticas, ao mesmo tempo que garantem suprimento de matérias primas e conquista dos mercados consumidores.

Aliando ação governamental e iniciativa privada, foi idealizado um projeto de magnitude mundial que é considerada a "Nova Rota da Seda". Partindo da China, faz o sentido inverso do antigo caminho, que vinha da Europa, passando pelo Oriente Médio e atingia o território chinês. Previsto um investimento de setenta bilhões de dólares, em parceria com empreendedores chineses e governos locais, os líderes e empresários chineses constroem rodovias, ferrovias e rotas navais, que, partindo da China, vão unir dezenas de países, facilitando o intercâmbio, mas, fundamentalmente, permitindo o escoamento de sua monumental produção.

Grandes marcas chinesas, já disputando primazia em tecnologia, qualidade e design, estão presentes em todos os países, não só pelos produtos exportados bem como pelas parcerias com produtores locais ou pela instalação direta de unidades fabris.

Em tão pouco tempo, algumas décadas, a China suplantou grandes países e se aproxima, em ritmo acelerado, da maior potência do planeta, os Estados Unidos.

ELETROS

— Eu vou sair da ABINEE — sussurrou, irritado, Eugenio Staub, voltando-se para Sergio Marcos Prosdócimo.

— Eu, também, vou — devolveu Prosdócimo no mesmo tom enervado de voz.

Participando de um jantar da ABINEE (Associação Brasileira da Indústria Elétrica e Eletrônica), em 1994, Eugenio e Sergio, sentados lado a lado na mesma mesa, ouviam o discurso de Manoel da Costa Santos, ex-presidente da entidade, no qual alinhavava as razões da posição pessoal contrária à Zona Franca de Manaus, mas que predominava entre os membros da associação.

A entidade, fundada em 1963, era composta de fabricantes de componentes elétricos e eletrônicos e de produtores finais dos artigos da linha branca (geladeira, fogão, lavadora, ar-condicionado), da linha marrom (televisão, rádios, aparelhos de som), e eletroportáteis (enceradeira, liquidificador, batedeira...)

Sendo produtores de objetos de natureza final diversos, os dois setores tinham pontos de vista diferentes, muitas vezes divergentes, em razão de suas necessidades e estratégias particulares, próprias de suas atividades fins: os fabricantes de componentes, além de vender para o mercado consumidor, forneciam para setores industriais, entre eles os produtores da linha branca, marrom e eletroportáteis, em realidade empresas montadoras dos produtos finais, utilizando as peças adquiridas de diversas empresas do outro setor.

Alinhados e unidos nos pontos comuns aos dois setores, dissentiam e conflitavam em aspectos inerentes ao ramo. Assim foi durante os planos econômicos – Cruzado, Bresser, Verão e Collor – quando o congelamento de preços e os descontos da inflação futura dos valores a receber causaram conflitos entre fornecedores de componentes e as indústrias montadoras. O maior ponto divergente, naquele momento, era a Zona Franca de Manaus.

Atraídas pelos incentivos fiscais e tributários, as indústrias montadoras de produtos eletroeletrônicos migraram para Manaus também pela liberdade de importar componentes estrangeiros até o limite de 70%, com a obrigatoriedade de pelo menos 30% serem de produtos fabricados no Brasil. A importação dos componentes fazia sentido em razão dos avanços tecnológicos dos produtores estrangeiros e das patentes que detinham. O governo proibia a importação para proteger a indústria nacional, liberando só para a Zona Franca de Manaus pela política de ocupação da Amazônia e de desenvolvimento regional.

Para os industriais da área de componentes não fazia sentido ir para Manaus pelos altos custos de instalação e administrativos e não tendo necessidade de importar os materiais utilizados na fabricação de seus produtos, podendo vender para Manaus como se fossem produtos de exportação, com menor tributação, e com frete mais barato aproveitando a necessidade de retorno dos agentes transportadores.

Com a abertura do comércio exterior promovida a partir do governo Collor, ficou liberada a importação de produtos e componentes estrangeiros, o que acabou estrangulando a indústria brasileira muito atrasada tecnologicamente e com preço muito mais caro em razão da escala de produção, fatores que não tinham como competir. Por esta razão, o setor de componentes era contra Manaus pelos incentivos fiscais que beneficiavam as indústrias montadoras, que tinham, agora, a liberdade de comprar todas as peças, até o limite estabelecido, no exterior, mais baratos e mais desenvolvidos.

Com pautas diferentes colidindo, os dois setores, abrigados na mesma instituição, entravam em conflito e como o setor de componentes tinha uma quantidade muito maior de associados que as montadoras, dominavam politicamente a entidade e os dirigentes, eleitos pela maioria, defendiam prioritariamente suas reivindicações.

No dia que se seguiu ao jantar da ABINEE, Eugenio Staub apresentou o pedido de desligamento de sua empresa, a Gradiente, do quadro associativo da organização. Alguns dias depois, Sergio Prosdócimo, com suas empresas Sanyo e Climax, desligou-se também.

Assim que soube que mais vinte empresas seguiram sua posição, desligando-se da ABINEE, Staub, imediatamente, ligou para Prosdócimo, comentando o que ficara sabendo e propondo a criação de uma entidade que representasse exclusivamente os interesses do setor.

Entusiasmado com a ideia, Sergio reuniu-se com Eugenio no escritório da Sanyo na rua Galvão Bueno, no centro da cidade de São Paulo. A eles juntou-se Lourival Kiçula, presidente da Sanyo, outro entusiasta da formação de uma associação que representasse os interesses dos fabricantes da linha branca, marrom e os eletroportáteis. Na sala da presidência da empresa, alinhavaram os objetivos, o formato e a organização da entidade. Lourival assumiu a coordenação, contatou as empresas que haviam se desligado da ABINEE, convidando-as para um almoço a fim de discutirem a proposta, que foi unanimemente aceita.

Tratou-se de criar o estatuto da nova sociedade, ficando encarregado de redigi-la o advogado Edson Vismona, com auxílio de Dorothea Werneck, economista, ex-Ministra do Trabalho e futura Ministra da Indústria e Comércio.

Estabeleceu-se que a nova associação seria formada por um Conselho Deliberativo composto pelos representantes de cada empresa, sendo escolhido bienalmente um dos membros para a Presidência, com direito apenas a uma reeleição, obrigatoriamente revezando um representante de cada linha, e por um Gabinete Executivo que seria presidido por um administrador não ligado a nenhuma empresa, escolhido no mercado para se dedicar full time na administração da sociedade, na execução dos objetivos, nas interlocuções com as autoridades governamentais e legislativas do Brasil e do exterior para a defesa dos pontos de vista e necessidades do setor, e representar o setor junto a outros órgãos privados.

A entidade contaria com grupos de especialistas nas áreas Técnica e Meio Ambiente, Comércio Exterior, Assistência Técnica e Defesa do Consumidor, para dar suporte aos membros e subsídios para os poderes Legislativo e Executivo criarem e aperfeiçoarem as leis e os programas relativos ao setor e à industrialização em geral.

Debates seriam promovidos para apresentação de propostas visando a aperfeiçoar os temas de grande relevância para o país e a sociedade, buscando soluções para a preservação da natureza, do meio ambiente, do desenvolvimento industrial, dos interesses do consumidor, da formação profissional dos jovens, harmonizando os objetivos empresariais com os propósitos da sociedade e do país, visando o desenvolvimento sustentável da economia e o bem-estar da população.

Elaborados os objetivos e o estatuto da nova associação, encaminhado para os representantes das empresas que abraçaram a ideia, foi marcada uma reunião para aprovação da constituição da entidade, escolha dos dois presidentes e aprovação das medidas iniciais. Sem sede, a reunião foi realizada na casa de Franciscus Sluiter, então presidente da Philips do Brasil.

Aprovado o estatuto, elegeu-se Eugenio Staub para Presidente do Conselho e Sergio Prosdócimo para Presidente do Executivo. A escolha foi natural, em razão de serem os dois os criadores e primeiros incentivadores da ideia da associação. A escolha de Sergio Prosdócimo para o cargo executivo foi de caráter provisório e excepcional, para dar início ao funcionamento da entidade, uma vez que o perfil do ocupante do cargo obrigatoriamente deveria ser alguém de fora das empresas, e o mandato dele seria até a escolha e a posse do selecionado.

Assim, em 29 de agosto de 1994, foi inaugurada a ELETROS: Associação Nacional de Fabricantes de Produtos Eletrodomésticos.

Para sua sede, foi adquirido e adaptado um andar de um edifício na Chácara Santo Antonio, na Rua Alexandre Dumas 1901, onde permanece até hoje.

Como Presidente do Conselho, Staub coordenou a procura do profissional que se encaixasse no figurino estatutário. Vários nomes foram ventilados até chegar a um que daria relevância ao importante cargo e projetasse a associação no cenário nacional, tanto público como privado. O escolhido foi Roberto Macedo, ex-professor titular e diretor da Faculdade de Economia da USP, economista renomado com passagens pelo Banco do Brasil, Banco Central, Presidente do IPEA e Secretário da Política Econômica do Ministério da Fazenda, no governo Collor, com livre trânsito em vários os setores da economia, da política e da imprensa. Convidado, aceitou.

Enquanto se aguardava a posse, marcada para o princípio do ano de 1995, um fato novo se interpôs ao programado.

- Staub, lamento atrapalhar os planos para minha posse, mas acabo de receber um convite do Governador eleito Mario Covas para compor sua equipe como Presidente do Banespa — disse Roberto, ao telefone.

Eugênio estava em viagem de férias, era vinte de dezembro, quando recebeu o telefonema de Roberto Macedo, comunicando sua escolha pelo novo governador, que tomaria posse dia primeiro de janeiro de 1995.

Entendendo a situação, embora lamentando, Staub liberou-o do compromisso assumido.

Dia 30/12, no apagar das luzes de 1994 e do mandato do governador do Estado de São Paulo, Luiz Antonio Fleury Filho, a dois dias da posse do novo governador,

Mario Covas, o ministro da fazenda, Ciro Gomes, e o Presidente da República, Itamar Franco, cujo mandato terminaria no dia seguinte, assinaram o decreto de intervenção no Banco do Estado de São Paulo, a pedido do Banco Central que concluiu não ter o banco estatal mais garantias para o enorme rombo em suas contas.

Ao ouvir a notícia inesperada da intervenção, uma bomba nos meios econômicos e políticos, Eugênio Staub ligou para Roberto Macedo:

- Nosso acordo ainda está de pé.

O episódio da intervenção no banco estatal deixou enfurecido o Governador eleito Mario Covas por não ter sido consultado e informado antecipadamente das intenções do governo central. Por esta razão, Macedo não aceitou o convite que Pérsio Arida, do governo Itamar, lhe fez para assumir como interventor do banco. Tendo participado da campanha de Covas, consideraria uma enorme traição ao líder. Extremamente ético, declinou do convite.

Assim Roberto Macedo tomou posse no princípio de 1995, como primeiro Presidente Executivo da ELETROS.

Consolidada a formação e o modus operandi da ELETROS, Roberto Macedo deixou a associação em 1998, buscando novos desafios e conhecimentos.

Iniciou-se, então, o processo de escolha do novo Presidente Executivo. Entre vários nomes estudados, o Conselho decidiu pela contratação de Paulo Saab.

Jornalista formado, começou sua carreira na Rádio Jovem Pan como repórter. Diversificando suas atividades, participou da Associação Comercial de São Paulo, onde conheceu Rogério Amato, que presidia o Conselho da Eletros. Foi dirigente, também, da ABRADIF, Associação Brasileira de Distribuidores Ford, e diretor do Instituto de Tecnologia de Alimentos.

Por sua experiência em direção de associações, com trânsito entre empresários, órgãos governamentais e na mídia, foi escolhido para dirigir a ELETROS.

Em 2007, ciente de que já completara seu ciclo nesta atividade, afinal foram mais de oito anos, Paulo Saab decidiu deixar a presidência executiva da Eletros.

Os conselheiros movimentaram-se na procura de um novo ocupante no importante cargo da entidade. No levantamento de nomes, ficaram sabendo que Lourival Kiçula havia deixado a presidência da Tectoy e estava disponível.

Lourival fora um dos importantes articuladores para a formação da ELETROS. Na ocasião, presidente da Sanyo, empresa pertencente a Sergio Prosdócimo, não se conformava com a forte oposição à Zona Franca de Manaus que a ABINEE exercia. Como representante da Sanyo no conselho da ABINEE, incomodava-se com a posição da maior parte dos associados, a grande maioria fabricantes de componentes para a indústria eletroeletrônica. Kiçula tinha plena convicção da importância da Zona Franca para o desenvolvimento da Amazônia, por dever de ofício, a Sanyo estava solidamente estabelecida na cidade, e por entender, como cidadão, a necessidade do desenvolvimento e integração dessa importante e extensa área do território brasileiro. No seu entender, não haveria outra fórmula de assegurar a inserção da Amazônia no contexto econômico e social do país. Em suas conversas com Prosdócimo, defendia a ruptura com a ABINEE, uma vez que ela não representava os interesses do setor. Com a decisão da Gradiente e da Refripar de deixar a entidade, seguidos por cerca de duas dezenas de empresas, participou do movimento liderado por Staub e Prosdócimo para a abertura de uma associação que de fato representasse os interesses do ramo. Em seu gabinete de presidência da Sanyo, promoveu vários debates neste sentido. Uma vez decididos a formalizarem suas intenções, foi um incansável articulador para viabilizar a fundação da ELETROS e tornando-se porta-voz da entidade junto à mídia.

Quando Sergio Prosdócimo se decidiu a vender suas empresas, a Refripar e a Sanyo, encerrou uma estreita parceria exitosa com Lourival Kiçula por vários anos. Kiçula acabou sendo convidado a presidir a TECTOY, empresa do ramo eletrônico de entretenimento, com a missão de reformular sua linha de produtos e estratégias de venda. Consolidada a recuperação mercadológica e econômica da empresa, com sua missão cumprida, Lourival desligou-se da firma.

Com sua passagem pela Tectoy, Lourival completou uma experiência comercial digna de nota, pois passou por todos os setores da indústria eletroeletrônica, quer seja como vendedor, representante comercial, gerente, diretor e presidente. Isso lhe deu um amplo conhecimento e experiência mercadológica desse mercado, tendo contribuído enormemente para seus desenvolvimento e consolidação, sendo reconhecido por todos que atuavam na área como um competente e eficiente executivo.

Com a vacância da presidência executiva da ELETROS coincidindo com a disponibilidade de Kiçula, avaliou-se que não haveria pessoa mais indicada para condução das atividades. Atendia um preceito estatutário do presidente não ter vínculo com nenhuma empresa associada; acumulava conhecimento amplo não só das vicissitudes do mercado consumidor do país como das problemáticas de relacionamento das empresas Inter setoriais; experiente no complexo das atividades de importação e exportação, com uma visão mundial do desenvolvimento tecnológico e mercadológico; mantinha importante trânsito nos meios governamentais e legislativos; experiente e possuidor de importante traquejo no relacionamento com a mídia.

Pelas mãos de Eugênio Staub, Lourival foi conduzido à presidência executiva.

Diplomático e conciliador, uma das suas primeiras ações foi se encontrar com o presidente da ABINEE, Humberto Barbato, que, coincidentemente, era recém contratado pela associação. Buscou harmonizar as ações das duas entidades nas pautas comuns, respeitando os interesses e os fins de cada uma.

Em sua gestão, defendeu, junto à equipe econômica do governo Dilma Roussef, incentivos de redução de impostos para produtos populares. Preocupada com a paralisia do comércio e indústria, a presidente lançou um programa de redução de impostos para os produtos destinados ao público C e D que alavancou as vendas do setor eletrodomésticos.

Com a compreensão dos problemas do mercado, da industrialização e das relações empresas e governo, Lourival liderou as ações da ELETROS no sentido de otimizar o trabalho para atingir os objetivos definidos desde a fundação.

Após onze anos na presidência executiva, Lourival deixou a ELETROS. Exemplo de executivo bem-sucedido e de grande capacidade gerencial, profundo conhecedor do ramo, deixou sua contribuição para o desenvolvimento do ramo empresarial não só participando ativamente para a concretização da entidade, na sua fundação, assim como dedicando-se a aperfeiçoá-la e engrandecê-la durante sua gestão à frente desta importante associação no concerto industrial do país.

Manauara, José Jorge do Nascimento Junior foi escolhido como novo presidente executivo da ELETROS. Além de filho da cidade sede da Zona Franca de Manaus, portanto conhecedor profundo da urbe, José Jorge acumulou uma experiência riquíssima do funcionamento do polo industrial em seus treze anos de trabalho na Suframa - Superintendência da Zona Franca de Manaus. Começou na assessoria parlamentar da entidade, assumindo, posteriormente, a diretoria de coordenação geral do planejamento e desenvolvimento de atração de negócios. Mas foi na coordenação de acompanhamento da execução, pelas empresas, de seus PPBs — Processo Produtivo Básico — que Jorge mergulhou profundamente no mundo dos negócios e na produção industrial. Para obter autorização de se estabelecer em Manaus, toda empresa necessita apresentar o PPB, pelo qual detalha seus objetivos, seus processos industriais, suas aquisições de matérias primas e componentes, sua política trabalhista e de absorção de mão de obra, o planejamento de descarte dos resíduos industriais e os cuidados com a preservação da natureza. Atendendo aos objetivos básicos determinados pela legislação da Zona Franca, a indústria adquire o direito aos incentivos fiscais previstos. Trabalhando na área de fiscalização do cumprimento das PPBs, José Jorge acompanhou o desempenho industrial e comercial de mais de quinhentas empresas estabelecidas no polo industrial. Aliou aos seus conhecimentos do desempenho da máquina burocrática governamental e legislativa a compreensão da engrenagem de funcionamento empresarial. Ampliou sua visão global ao exercitar seu trabalho nas vezes que assumiu, interinamente, a Superintendência da Suframa. Pelos seus conhecimentos e atuação, José Jorge foi guindado ao posto de Secretário de Planejamento do Estado do Amazonas em 2017.

A escolha de um profundo conhecedor da Zona Franca reflete a preocupação do setor com a política governamental com relação ao Polo Industrial de Manaus, alvo de discussões permanentes quanto a sua relevância.

MUNDO 4.0

As revoluções industriais causaram modificações radicais na vida humana e na sua organização em sociedade, transformações que resultaram em adensamento populacional nas cidades, mudanças profundas nos hábitos, costumes, pensamentos, comportamentos, educação, filosofia e necessidades. A passagem de uma vida modorrenta rural, com pequenas e médias cidades pouco habitadas, para frenéticas megalópoles, grandes e gigantescas com milhões de moradores, foi relativamente rápida, um pouco mais de dois séculos, se comparada com os dez milênios de vida sedentária e de formação civilizatória do homem. Mais ainda se levarmos em conta que o homo sapiens se formou há mais de trezentos mil anos. Os duzentos e poucos anos são extremamente curtos se lembrarmos que a espécie humana começou a surgir há milhões de anos.

As mudanças provocadas pela Primeira Revolução Industrial impactaram, inicialmente, algumas cidades da Europa e Estados Unidos, atingindo outras urbes e continentes lentamente ao longo dos primeiros cem anos de seu começo. A Segunda Revolução acelerou o processo de urbanização com a eletrificação a partir do último quarto do século XIX. No começo do século XX, a industrialização tocada à eletricidade espalhou-se pelo mundo rapidamente, bastando apenas algumas décadas do seu início para atingir todos os continentes e inúmeros países. Após o final da II Guerra Mundial, o processo acelerou-se e, com a retomada do crescimento da economia mundial, os produtos eletroeletrônicos criados ganharam escala planetária e levou a uma revolução dos costumes observada a partir dos anos 1950, atingindo uma intensidade jamais observada, durante os anos 1960, com a adesão instantânea de mais da metade da população da Terra às mudanças comportamentais, filosóficas e sociais que os novos tempos trouxeram.

Tudo começou com os Babyboomers americanos. No pós-guerra houve uma explosão de nascimentos nos EUA e na Europa, resultado da distensão trazida pela paz selada entre as nações beligerantes. A esse fenômeno, deu-se o nome de Baby Boom, literalmente explosão de bebês. A economia americana cresceu enormemente durante a guerra em razão de seu território ser distante dos palcos dos conflitos e não ser afetado pela destruição provocada pelos combates, possibilitando às suas indústrias a geração, em larga escala, de produtos bélicos ou não que abasteciam os demais países. O fim das hostilidades propiciou aos empresários americanos um aumento brutal de suas produções para abastecer os países que curavam suas cicatrizes e se reorganizavam da destruição de suas cidades e indústrias. O vertiginoso crescimento industrial americano gerou uma população com um poder aquisitivo assombroso que realimentava a cadeia produtiva. Para atender a enorme demanda de consumo de uma população endinheirada, sofisticaram-se os bens produzidos e novos produtos foram criados. Na década de 1950, principalmente na segunda metade, os Babyboomers tornaram-se adolescentes, os "Teenagers" americanos. Descendentes de uma geração que sofreu com as duas grandes guerras, praticamente toda família tinha um membro ou amigo que tinha sucumbido na guerra ou que voltara mutilado, os jovens viviam na iminência de participarem de uma nova guerra em razão da disputa entre as duas grandes potências, Estados Unidos e Rússia, pelos controles político, ideológico e econômico do mundo. Disputa essa que criou enorme tensão em razão da possibilidade de destruição apocalíptica do planeta pelas bombas atômicas e que ficou conhecida por "Guerra Fria" porque as duas superpotências se ameaçavam, mas não entravam em confronto direto, existindo, contudo, a real possibilidade de isto acontecer.

Sob o peso dessa atordoante possibilidade, com seu futuro incerto e tenebroso, os jovens buscavam na diversão a válvula de escape para suas angústias. Deste clima de anseio em aproveitar a vida enquanto fosse possível, traduzindo justamente este espírito, nasceu o "Rock and Roll", que levava multidões de jovens para, freneticamente, dançarem nas pistas de bailes.

O som produzido pelas músicas do rock só foi possível graças à tecnologia baseada na eletricidade com a criação de guitarras elétricas e caixas de som que amplificavam em altos decibéis o som estridente da música contagiante.

As criações musicais eram disseminadas para todas as partes graças aos produtos desenvolvidos durante a II Revolução Industrial: o rádio, o fonógrafo, o cinema e, principalmente, a televisão.

O cinema e a televisão apresentavam não só as músicas de sucesso bem como mostravam as novas posturas dos jovens que principiavam a transgredir os costumes conservadores de seus pais. O comportamento rebelde dos babyboomers ultrapassou as fronteiras americanas e ganhou o mundo com a disseminação da televisão que propagava os filmes e os programas americanos, influenciando os jovens dos outros países, que, por sua vez, adotavam o comportamento e o estilo dos teenagers. Foi graças à televisão que se teve o primeiro fenômeno mundial: a Beatlemania. Jovens de todo mundo copiavam o modelo cabeludo dos rapazes de Liverpool. As músicas dos Beatles eram cantadas e dançadas ao redor do mundo. Os gritos estridentes e alucinadas das fãs em seus shows eram copiados pelas meninas onde quer que estivessem, tornando um padrão de comportamento.

Em 1960, houve a transmissão televisiva do primeiro debate político entre dois candidatos à presidência americana: John Kennedy e Richard Nixon. Isso mudou a maneira como os políticos se apresentavam aos eleitores. Com os closes das câmeras, detalhes do rosto e as expressões faciais ganhavam intensa importância de como os telespectadores enxergavam seus candidatos. Kennedy, mais jovem, soube se preparar para o confronto, deixando-se ser maquiado para a apresentação, o que não aconteceu com Nixon, conservador, que se recusou a que passassem pó em seu rosto. Um semblante pálido e suado, em razão das fortes lâmpadas que incidiam sobre ele, transmitiu insegurança que influenciou negativamente os eleitores, ao contrário de Kennedy, com aparência bem mais saudável e autoconfiante.

Ao mesmo tempo que a televisão globalizava a maneira dos jovens americanos de curtir a vida, transmitia e repercutia as iniciais manifestações de protestos políticos, que teve na Marcha sobre Washington por Direitos Civis, Liberdade e Trabalho, comandada pelo pastor Martin Luther King, quando mais de duzentos e cinquenta mil pessoas se reuniram na capital americana em agosto de 1963, um marco em movimentos reivindicatórios da sociedade, repercutido em todo planeta. A partir daí estudantes do mundo todo passaram a organizar manifestações de protestos contra o conservadorismo das instituições, a favor de mudanças de costumes e em prol da paz mundial. As imagens televisivas globalizadas influenciavam e estimulavam a ação política da sociedade, culminando com os protestos de Paris em maio de 1968.

A televisão foi brilhantemente utilizada pelo General Norte vietnamita, Vo Nguyen Giap, um dos mais importantes estrategistas do século XX, ao promover ações de impacto contra os soldados americanos no Vietnã, que eram mortos ou mutilados. Giap sabia que as imagens dos sofrimentos dos jovens combatentes seriam transmitidas nos noticiários noturnos da televisão, o que provocava um sentimento de desespero nos pais que tinham seus filhos envolvidos no conflito ou que poderiam ser convocados a qualquer momento. O desconforto gerava ações de protestos em toda a sociedade contra a barbaridade de uma guerra, que, pela primeira vez na história da humanidade, entrava nos lares pelas imagens televisivas. O clamor era tão grande que contribuiu para as autoridades americanas buscarem uma solução de paz, pondo fim a uma guerra cruenta, mesmo que representasse uma humilhante derrota ao glorioso exército americano.

O moderno meio de comunicação de massa difundia e ampliava as transformações latentes da sociedade, verdadeira revolução dos costumes, do modo de pensar, da organização da sociedade, da produção artística e da divisão de trabalho entre homens e mulheres. Ao transmitir a crescente participação feminina em todos os setores, estimulava as jovens da época a quebrar os grilhões que as prendiam em casa, subservientes e dependentes dos maridos. Os progressos da indústria farmacêutica permitiram, detectando o espírito de libertação feminino, o desenvolvimento e fabricação da pílula anticoncepcional, marco fundamental na Revolução Sexual dos anos 1960, o que permitiu às mulheres lutar por igualdades de direitos, bem como retardar e programar as gravidezes, possibilitando a que estudassem e participassem do mercado de trabalho.

Com os produtos eletroeletrônicos de utilidades domésticas, a mulher conseguia conciliar o trabalho com as atividades domésticas, que permanecia sob sua responsabilidade, facilitando as tarefas.

Enquanto essa revolução social acontecia, causada pelo ambiente gerado pela II Revolução Industrial, os cientistas, pesquisadores e jovens empreendedores criavam novas ideias de produtos que a indústria imediatamente colocava no mercado e que viria revolucionar os meios produtivos e social: começava a III Revolução Industrial.

Avanços tecnológicos impactaram os meios de produção com a automação, o emprego de robôs e o uso de computadores. Enquanto isso, satélites eram colocados em órbita para utilização da comunicação que se tornava globalizada e instantânea. O desenvolvimento da microeletrônica, chips, transístores e circuitos eletrônicos permitiram os avanços tecnológicos do rádio, da televisão, dos produtos eletrodomésticos e da telefonia, fixa e móvel. Suprassumo do período, o desenvolvimento do computador pessoal mudou radicalmente a comunicação entre as pessoas, permitindo uma conexão acelerada entre todos os rincões do mundo e o acesso instantâneo às informações.

A joia da coroa do desenvolvimento tecnológico foi a criação dos smartphones, instrumento democrático – a grande maioria dos seres humanos têm acesso – que possibilita as mais diversas funções: acesso às informações e notícias; assistir filmes; ouvir rádio; curtir as músicas prediletas; tirar e enviar fotos; fazer compras; executar pagamentos; movimentar contas bancárias; fazer e resgatar aplicações financeiras; monitorar empresas, fazendas e residências; executar operações comerciais; controlar agenda pessoal; compartilhar e trocar mensagens entre os usuários; e, claro, fazer e receber ligações telefônicas. Tudo isso através de um aparelho no qual o ser humano fica conectado com o mundo e leva para todas as partes, de tal sorte que se parece como mais um membro de seu corpo. Essa nova era permitiu a globalização radical das atividades humanas, criação de novos hábitos e instantaneidade das comunicações. Com os smartphones, o ser humano começou a avançar em mais uma revolução que está impactando a sociedade e os meios de produção: é a Quarta Revolução Industrial, o Mundo 4.0 como, também, está sendo conhecida.

O progresso da informática durante a Terceira Revolução Industrial propiciou o desenvolvimento da automação dos processos produtivos nas fábricas e o emprego de Robots substituindo o homem nas funções repetitivas e em algumas atividades insalubres. Inicialmente, o emprego dos processadores foi nas execuções de tarefas e procedimentos pré-determinados e limitados. Os aparelhos eram "burros", não se esperando nada mais do que executar o serviço para o qual foi programado. No Mundo 4.0, o homem quer que esses computadores pensem, sintam, comuniquem-se entre si e tomem decisões, com total autonomia. É a Inteligência Artificial - conhecida com a sigla IA do inglês Artificial Intelligence.

Em realidade, os cientistas querem projetar um cérebro com as mesmas características do ser humano. Nosso corpo funciona com mecanismos voluntários e involuntários. As funções básicas se realizam independentemente de nossa vontade. Nascemos com um conjunto de átomos organizados em células programadas para dar vida e executar funções pré-estabelecidas sobre as quais não temos nenhum controle e comando. A partir da união do óvulo com o espermatozoide, as células se multiplicam, dão a forma do corpo e instalam todos os órgãos que darão existência e farão funcionar o novo ser. Cada átomo está programado para exercer determinada função e, na interação com os outros átomos, permite que o corpo execute todos os movimentos e ações previamente arquitetados, delineados, organizados e coordenados. Como o corpo precisa de energia para se movimentar, constantemente ele precisa ser abastecido para repor o que foi consumido. Para tanto, as células emitem um aviso ao cérebro, através da sensação de fome, que determina a ação de se alimentar para ingerir os nutrientes necessários. A nossa ação voluntária é de escolher os alimentos, preparar e deglutir. Uma vez ingeridos, a engrenagem planificada executa todas as atividades necessárias para processar, recolher e transmitir, equilibradamente, os nutrientes para todas as partes do corpo sem interferência alguma de nosso arbítrio. A nossa ação consiste apenas em ingerir os alimentos, o resto o aparelho digestivo faz. Da mesma forma, quando o corpo necessita de água, emite um recado, a sede, para que ponhamos o precioso líquido para dentro. Os resíduos e dejetos destas ações são eliminados independentemente de nossa intervenção, cabendo apenas a opção de escolher o local mais conveniente para cumprir o que o organismo determinou. Da mesma forma, coração, veias e pulmões trabalham por conta própria para que as energias e o oxigênio alcancem todas as partes do corpo. Nossos órgãos sensoriais – olhos, ouvidos, nariz, boca e pele – executam suas funções de maneira autônoma. Nossos cabelos nascem, crescem ou caem, independentemente de nossos desejos.

Não temos controle nenhum sobre o crescimento de nossas unhas. Nossos aparelhos reprodutores emitem sensações que não estão sob nosso comando consciente.

Um corpo humano cresce porque as células estão programadas para se reproduzirem em determinados momentos. No momento pré-estabelecido, conjuntamente e coordenadamente, os mecanismos são acionados para a execução da tarefa. O processo acontece até um determinado momento da vida, quando, então, elas se estabilizam por um período programado, e, então, obedecendo ao plano da existência, elas começam a definhar, envelhecendo e causando a morte, ponto final do projeto de vida para aquele organismo.

O processo é comum a todos os animais, tendo, cada um, sua programação a ser cumprida em seu ciclo de vida. É interessante e espetacular notar que cada organismo "sabe" o que e como fazer as atividades para as quais foi designado. Por exemplo, um gato, nascido e criado dentro de casa, em determinado momento, ao observar uma presa, um inseto ou um pássaro, adotará uma postura de ataque, agachando-se totalmente, aprumando todos os fios de bigode, que são seus radares, jogando todo o peso sobre as patas traseiras, darão um bote para alcançar seu intento de alcançar seu alimento. Mas, quem ensinou a ele que os alvos são seus alimentos? Com quem aprendeu os movimentos para executar seu ataque? Naturalmente, ninguém. Dizemos que é seu instinto, que nada mais é que seus átomos programados para isso.

As plantas também têm uma planificação para seu ciclo de vida. Jogando uma semente no solo, germinando, logo surgirão raízes que penetrarão no subsolo em busca de água e seiva para seu desenvolvimento. Caules, troncos, folhas, flores e frutos surgirão em seguida. Todas as etapas serão cumpridas sem que haja um comando externo determinando cada ação, simplesmente cada átomo "sabe" exatamente o que fazer e assim o faz. Magnificamente, notamos que a flor do girassol se movimenta de um lado ao outro acompanhando o deslocamento do sol, pois simplesmente ela está obedecendo ao que lhe foi determinado.

Tanto na vida animal quanto na vegetal, os organismos são dotados de um batalhão de combate ao ataque de qualquer corpo estranho. No animal, os glóbulos brancos, encontrados no sangue, são acionados para envolver o atacante e eliminá-lo. Nas plantas, podemos exemplificar com o látex que é uma substância líquida, coagulável, que as seringueiras produzem e enviam para o local onde se observou um corte em seu tronco, a fim de cicatrizar o local. Esses mecanismos estão programados e agem automaticamente, independentemente de vontade ou determinação.

Em muitas espécies animais são encontrados cérebros. Uns mais outros menos desenvolvidos. O ser humano diferenciou-se e notabilizou-se pelo enorme desenvolvimento de seu cérebro, notadamente depois que dominou o fogo e começou a ingerir carne assada, potencializando e aumentando as calorias ingeridas, das quais 20% são destinadas ao cérebro. Com uma capacidade de raciocínio maior, o homem desenvolveu conhecimentos, habilidades e um grau sofisticado de inteligência que o sobrepôs a todos os animais e o levou a um alto grau de civilização e poder de elaboração. É justamente este estágio que a ciência busca, agora, reproduzir.

Na Terceira Revolução Industrial criaram-se computadores programados para execução de tarefas repetitivas que agem sob o comando de um ser humano. Na Quarta Revolução Industrial procura-se o desenvolvimento de computadores dotados de capacidade de pensar e comandar equipamentos e aparelhos independentemente da interferência humana no processo.

Esta Inteligência Artificial vai ser utilizada tanto nos meios industriais como na vida comum do ser humano.

Esse novo ambiente, chamado Mundo 4.0 – termo cunhado e usado pela primeira vez em 2011 pelo governo alemão na Feira de Hannover - é uma intersecção de todas as tecnologias e conhecimentos desenvolvidos em todas as Revoluções Industriais anteriores e promete mudar radicalmente o mundo como conhecemos até hoje.

No meio industrial, o uso de computadores para comandar o funcionamento das máquinas e equipamentos foi desenvolvido com os avanços conquistados na era da III Revolução Industrial, bem como o uso de robots na linha de produção. O emprego desta tecnologia limita-se a pôr em funcionamento, acompanhar os trabalhos e desligar as máquinas conectadas a um computador. Na indústria inteligente 4.0, além de exercer estas funções, o computador dotado de IA analisará diversas informações e tomará decisões pertinentes aos desempenhos, buscando uma maior performance de produtividade, qualidade, customização, otimizando o uso de energia, e eliminar defeitos evitando perdas de produtos. Os sensores de uma máquina 4.0 atuam de forma preditiva, detectam e preveem desvios dos padrões, fazem as devidas correções, eliminando a possibilidade de que um produto acabado apresente defeito e seja descartado, o que, naturalmente, evita prejuízos. Corporações globalizadas, com unidades fabris em diversos países, têm seus processos produtivos integrados e interligados a uma Big Data que comanda e controla, sem interferência humana, em tempo real, toda a cadeia produtiva. Qualquer anomalia detectada em uma das unidades é compartilhada, analisada e verificada pelos computadores em todas as outras para que a mesma situação não aconteça. Um desvio mais acentuado que comprometa a qualidade do produto ou a performance da produção faz com que a Inteligência Artificial interrompa a produção global para corrigir ou prevenir a ocorrência em todas as unidades.

O uso de potentes computadores permite a criação do "gêmeo digital", que é uma simulação de todo o processo produtivo, permitindo comparar a situação ideal com a realidade dos fatos. A própria IA analisa, compara e toma decisões para a solução do problema, ou os técnicos e engenheiros de produção interveem quando necessários.

A Inteligência Artificial atua, também, para determinar as manutenções preventivas, dentro dos prazos previstos ou alterando as ocorrências, aumentando a eficiência do maquinário.

Sistemas Cyber-Físicos, integração do mundo físico e virtual, utilizam óculos especiais, conectados à Big Data e aos equipamentos, os quais permitem a visão em raio X das máquinas ao mesmo tempo que apresenta os desenhos originais permitindo a comparação imediata e a análise de necessidades de manutenção.

A Inteligência Artificial possibilita a criação de hologramas para que os desenvolvedores de novos produtos possam ver em 3D a simulação de suas criações ou de modificações propostas para as já existentes. Permite, também, a manufatura aditiva com a impressão em 3D, ou a manufatura híbrida, que utiliza a função aditiva e usinagem em um mesmo equipamento.

As lojas de uma rede de franquia podem estar conectadas com a Central, transmitindo as informações em tempo real das vendas, que automaticamente são processadas e analisadas por uma IA, que emitem ordens de reposição para as lojas assim que atinjam determinados níveis de estoque e direcionam a produção em função das saídas dos produtos, ao mesmo tempo que emitem pedidos de reposição de matéria prima e insumos diretamente aos computadores de seus fornecedores, com datas e horas marcadas para entrega, além de planejar a logística de envio das mercadorias para os franqueados, que, por sua vez, recebem as informações de sua performance comparadas com o desempenho de toda a rede. Tudo sem interferências humanas.

As modernas tecnologias já permitem o funcionamento de estabelecimentos onde as compras são feitas e pagas sem a presença de funcionários. Para entrar na loja, o cliente cadastra-se no site, recebe em seu celular um QR Code que, direcionado ao leitor fixado na entrada, aciona a abertura da porta. Os produtos escolhidos vão sendo empacotados e, na saída, um sensor de rádio de baixa frequência lê as etiquetas, emite a nota fiscal e debita a fatura no cartão do cliente, tudo rápida e automaticamente sem a interferência humana. Será possível no futuro o emprego do reconhecimento facial em substituição ao QR Code.

O uso de Rede LoRa, rede de baixa frequência, Low Radio em inglês, permite a cobrança de pedágio nas estradas ou do uso de estacionamentos de shoppings de forma rápida e instantânea, evitando o uso de caixas manuais.

Para a ação globalizada da produção em vários países, é necessário a tecnologia de armazenamento nas nuvens, Cloud em inglês, para que todos os dados pertinentes possam ser acessados e compartilhados a qualquer momento em qualquer parte.

A customização da produção é possível, também, graças à IA. O processo produtivo pode ser modular, com o sistema acoplando ou desacoplando os maquinários de acordo com a demanda. Por exemplo, uma indústria automobilística pode produzir tipos diferentes de carros sobre os mesmos chassises, mudando na funilaria, automaticamente, o modelo a ser produzido naquele momento de acordo com as requisições do mercado. Vários itens e detalhes poderão ser aplicados de acordo com a preferência do consumidor, previamente determinada, administradas pelos computadores alimentados pelas informações.

Um exemplo magnífico de aplicação da nova tecnologia 4.0 são as fazendas verticais. Em um prédio alto, os modernos sitiantes poderão erguer estruturas metálicas com vários níveis e dispostas umas ao lado das outras. Em cada nível, canteiros são preparados com terra para o plantio de diversas variedades de hortaliças e legumes. De acordo com a planta e a espécie a ser cultivada, a IA determina o adubo a ser agregado, sua quantidade e o volume de água para as diversas etapas do desenvolvimento. Monitora também a quantidade de luz durante o dia e sua ausência durante a noite. Detecta qualquer praga que por ventura tenha passado pelo controle rigoroso do ingresso ao ambiente de pessoas ou produtos, e aciona mecanismos de combate ao invasor. Estabelece o momento ideal para proceder a colheita e analisa a qualidade tendo em vista o aprimoramento da produção, tanto nos atributos como na diminuição do tempo de maturação. Tudo isso sem intervenção humana, a não ser no processo de disponibilizar as sementes e na colheita. Os técnicos acompanham em tempo real o desenvolvimento de cada espécie pelo computador ou pelo smartphone.

A tecnologia do Mundo 4.0 está, também, sendo aplicada na agricultura. Nanosensores são distribuídos pelos diversos pontos de uma propriedade e suas informações são transmitidas para uma Big Data que analisará os dados de temperatura, umidade do ar e do solo, intensidade e direção do vento. De acordo com o que foi observado, a IA aciona, por exemplo, a irrigação, distribuindo o volume de acordo com as necessidades de cada local, possibilitando a racionalização do uso de água e evitando o gasto com energia. Drones percorrem a propriedade detectando possíveis ataques de pragas, e, se necessário, a IA aciona o emprego de defensivos somente na área afetada, evitando gastos desnecessários de pulverizações generalizadas e desperdícios de energias. As enormes e potentes colheitadeira, ou colhedeira como são chamadas no sudeste brasileiro, trabalharão ininterruptamente 24 por dia, autonomamente, sendo controladas à distância não só o específico trabalho bem como os estoques de combustíveis e as necessidades de eventuais manutenções.

A Inteligência Artificial também é aplicada na produção de proteínas e gordura animal, acompanhando o ciclo de vida dos animais, a aplicação de vacinas, diagnosticando eventual doença, determinando a quantidade e qualidade de ração, avaliando o ganho de peso, descartando aqueles que apresentarem algum tipo de problema, evitando desperdício de tempo e alimento, e o momento mais apropriado para encaminha-los para o abate. Caminha-se, celeremente, o desenvolvimento de técnicas para produção de carne, a partir de células troncos ou de vegetal, e do leite orgânico, o que levaria a reduzir drasticamente os rebanhos bovinos, suínos e aviários, o que diminuiria consideravelmente o efeito estufa pelos gases emanados de milhões de animais espalhados por enormes propriedades, reduzindo consideravelmente o alto investimento em terras, além de evitar sofrimentos e estresses na hora do abate bem como no trato das vacas leiteiras que causa padecimento, tanto para as mães como para as crias, na hora de apartá-las para a ordenha.

No dia a dia do ser humano, vemos e percebemos a aplicação das novas tecnologias 4.0 em inúmeras situações. Ao utilizarmos um aplicativo de rota e trânsito, um Big Data, dotado de potentes algoritmos, nos localizam, analisam o percurso e nos dão a alternativa mais rápida para chegarmos ao nosso destino. Para terem estas informações, os computadores recebem dados de inúmeros smartphones conectados ao aplicativo que analisam e transmitem os desempenhos dos usuários em sua rota em tempo real. A IA do aplicativo estuda, compara e decide qual o melhor caminho para o solicitante da informação. Tudo isso é feito por computadores que se "falam" e estabelecem o melhor procedimento sem a interferência de um ser humano. Isso é que se chama "Internet das Coisas", ou IoT, do inglês Internet of Things. Observamos aplicações de IoT nas contratações de automóveis, bicicletas, patinetes, feitas automaticamente e instantaneamente, disponibilizando o meio para o usuário ao mesmo tempo que debita em seu cartão o valor do serviço. Os automóveis ainda são dirigidos por um motorista, entretanto, em breve, serão conduzidos por IA substituindo o ser humano.

Dispositivos de inteligência artificial estarão disponíveis em geladeiras, por exemplo, que analisarão o consumo dos produtos, data de vencimentos, avisando o momento de repor ou, mesmo, emitindo ordem de compras a IA do supermercado de preferência que organiza a cobrança da compra, sua separação e programação de entrega. Ao sair do trabalho, dirigindo-nos para casa, poderemos "avisar" pelo smartphone a IA de nosso lar, que providenciará as tarefas necessárias, como preparar a banheira, acionar a máquina de fazer arroz e feijão, iniciar o preparo do ovo cozido, descongelar e começar o processo de assar uma carne, descongelar e aquecer alimentos previamente preparados, iniciar o processo de resfriamento da cerveja ou refrigerante para deixá-los no ponto costumeiro, ligar o ar condicionado para estar na temperatura ideal para quando chegarmos.... É o conceito da Casa Inteligente (Smart Home).

Carros inteligentes já estão circulando. Conectados à uma Big Data, o automóvel possui sensores que transmitem as informações de desempenho que são analisadas e comparadas, sendo feitas correções se necessário. Recebem atualizações que melhoram o rendimento, resultado das análises em tempo real de todos os veículos conectados.

Blockchain é uma tecnologia do mundo moderno que permite o registro de transações entre pessoas sem interferência de terceiros. Isso é feito por uma rede de computadores conectados e as informações são criptografadas, não sendo possível qualquer alteração ou eliminação do registro. Já é utilizado para registro das moedas virtuais, como o bitcoin, em que as transações são realizadas no mundo virtual sem interferência de nenhum órgão ou pessoa, ficando certificada a transação pela transcrição na rede e assinatura eletrônica entre as partes. Poderá ser usado, por exemplo, para o registro de imóveis, substituindo os cartórios. As propriedades estarão descritas, todas as transações relativas serão lançadas e assinadas pelos envolvidos, e, por estar em todos os computadores conectados, de forma criptografadas, terão fé pública, dispensando a ação do notário. As certidões relativas a qualquer cidadão não precisarão passar por nenhum cartório, bastando seu registro na rede. Ao nascer, os pais registrarão na web, apondo sua assinatura. Ao longo da vida, a pessoa registrará as alterações tais quais casamento, mudança ou inclusão de nome, divórcio. No óbito, terá o devido lançamento.

Destarte, instantaneamente, em um único local, teremos todas as informações e registros de forma pública que poderão ser acessados pelos interessados.

A Inteligência Artificial já cria minutas de defesas de advogados, pesquisando jurisprudências e com citações de grandes luminares embasando as peças, substituindo o trabalho de jovens estagiários ou advogados em início de carreira, que faziam o trabalho de garimpar os livros e decisões das cortes.

A biomedicina avançará significativamente com a aplicação das novas tecnologias, tanto no que tange as pesquisas em si bem como as possibilidades de monitoramento à distância dos pacientes, observando através dos sensores instalados no corpo o comportamento do organismo frente às doenças e às reações aos medicamentos, prevenindo eventos, possibilitando uma ação antes que aconteça.

O Mundo 4.0 possibilita tecnologias para ajudar as pessoas com alguma espécie de incapacidade física. No caso de pessoas com algum tipo de deficiência auditiva, no Brasil cerca de dez milhões segundo o IBGE, os smartphones possibilitarão transformar a fala do interlocutor em textos ou em linguagem de LIBRAS, Língua Brasileira de Sinais. Na mão contrária, as pessoas com problemas de fala se comunicarão em LIBRAS e os smartphones converterão os sinais em voz simultaneamente.

A computação cognitiva causará um impacto profundo na sociedade, mudando paradigmas. Todas as três revoluções industriais modificaram radicalmente a vida em sociedade, não será diferente com o mundo 4.0.

Na Primeira Revolução Industrial, houve um intenso processo de êxodo rural, com a população sendo atraída pelas aberturas de empregos na indústria têxtil e nos serviços. As cidades despreparadas viraram um caos, sem infraestruturas para tanta gente, com esgotos a céu aberto e deficiências de água tratada, que causavam doenças e mortes. No ambiente industrial, as condições eram péssimas. Acostumados com o modo de pensar e agir dos senhores feudais, o empresariado tratava seus funcionários de forma desumana, com carga horária longa, sem descansos, com péssimos ambientes de trabalho pelo barulho e insalubridade, empregando, sem distinções, menores e mulheres grávidas, pagando baixíssimos salários. Sem proteção legal, os trabalhadores sujeitavam-se às degradantes condições sem reclamar e com medo de perda do emprego, consciente de que havia um contingente crescente de pessoas que buscavam uma colocação. Uma dispensa representava um alijamento do mercado de trabalho, pois, por acordos tácitos, uma empresa não contratava funcionário dispensado de outra. Esse ambiente sem regulamentação, calcado em uma mentalidade histórica de falta de consideração pelos semelhantes, teve consequências: levou ao surgimento de uma filosofia, engendrada por Karl Marx, que previa a destruição do capitalismo pelas próprias contradições internas; à formação de sindicatos para exigirem tratamento mais humano e melhor remuneração; à conscientização empresarial de que eram necessárias melhores condições para os empregados, que, se não fossem por solidariedade, seria por constatação de que produziriam mais; o surgimento de correntes políticas que defendiam políticas de governo para um tratamento mais justo da classe trabalhadora. A grande maioria da população sofreu pela mudança de natureza do trabalho rural para o trabalho nas fábricas, o que exigia uma capacitação e treinamento que causava insegurança.

A luta dos trabalhadores por mais direitos e proteções foi disseminada e reconhecida com o advento da II Revolução Industrial. Contudo, com a eletrificação e o desenvolvimento de produtos que usavam a eletricidade, passou-se a exigir novos requisitos aos trabalhadores que ingressavam neste mercado, exigindo preparo específico e novos conhecimentos para enfrentar a concorrência. Com o advento da organização das fábricas em linhas de produção, o estudo de tempo e movimento, que aceleravam o processo produtivo, profissionais e executivos com maiores preparos e conhecimentos eram necessários. Formação técnica e estudo específico em Faculdades eram requisitos básicos para o sucesso nas carreiras. Por outro lado, jovens empreendedores começaram a ter um campo enorme de oportunidades para criação e desenvolvimento de novos produtos. Muitas empresas, hoje chamadas de startups, foram criadas e várias tornaram-se grandes corporações, com ramificações nacionais e internacionais. A renda média da população aumentou em várias vezes. Por outro lado, era presente o medo de mexer com os novos produtos elétricos, que, por serem inicialmente precários, causavam terríveis choques e até mortes. Principalmente depois da II Guerra Mundial, as transformações sociais ganharam enorme dimensão com a alta porcentagem de jovens na população geral. A inquietude da juventude nos anos 1950 e as mudanças dos anos 1960 foram muito impactantes em todas as áreas: moral, ética, religiosa, cultural, profissional e nos costumes. O advento da minissaia, a pílula anticoncepcional, a luta das mulheres pela igualdade, a rebeldia dos jovens, as contestações, as passeatas políticas, o advento da televisão, a mudança na religião católica com os padres rezando não mais em latim, mas na língua nativa e voltados para o público, tudo isso causava pânico na geração mais velha, que, escatologicamente, detectava um ambiente de fim dos tempos em razão da permissividade, descontroles e da radicalização das transformações.

A III Revolução Industrial provocou, também, significativas mudanças nas sociedades e nos ambientes de trabalho. A era dos computadores gradativamente provocou uma diminuição da mão de obra em alguns setores ou atividades, graças a automação das fábricas e dos serviços, que, por sua vez, aumentou a eficiência e produtividade das empresas e o enorme crescimento da produção industrial, diminuindo significamente o custo de fabricação e o preço no varejo. A mão de obra que perdia espaço pela automação foi deslocada para atender a demanda do setor de serviços que cresceu exponencialmente. O setor agrícola foi beneficiado pelo aumento da capacidade produtiva da indústria de máquinas e implementos agrícolas que levou a uma maior eficiência das fazendas, incrementando o plantio e a colheita, mas levou a uma queda enorme da oferta de empregos devido a automação. Esta mão de obra, por sua vez, foi deslocada para o transporte da crescente produção agrícola ou para as ofertas de emprego no setor de serviços. O computador, se substituía o trabalho de muitos trabalhadores, permitia a criação de novas oportunidades de trabalho como, por exemplo, desenvolvedores de programas e assistência técnica.

Nós já estamos vivendo no Mundo 4.0 e sentindo o impacto que as novas tecnologias estão causando nas nossas vidas, nos nossos hábitos, nos nossos costumes, nos nossos relacionamentos interpessoais e com as máquinas programadas e, agora, pensantes que foram criadas e estão sendo desenvolvidas para nos servir, e que terão uma velocidade de processamento muito maior, cerca de dez mil vezes mais, com a aplicação da computação quântica. Como nas anteriores revoluções industriais, esta nova causa uma ansiedade, alvoroço, preocupações filosóficas e um questionamento sobre as relações de trabalho e de negócios. As novas tecnologias já trazem maior eficiência na indústria, na agricultura e nos serviços. E prometem muito mais. Muitas profissões estão desaparecendo, contudo, novas estão aparecendo e se desenvolvendo. Por exemplo, as empresas em geral já não contratam office boys, uma vez que não precisam mais enviar cartas pelo correio, mandam e-mails; não mandam mais portadores ao banco para efetuar pagamentos, depósitos, buscar talões de cheques, pois, agora, tudo é feito pelos computadores; levar ou buscar contratos quase não é preciso, mandam-se por e-mail com assinaturas eletrônicas; para buscar ou enviar encomendas, usa-se hoje o serviço de motoboys; lanche, pede-se hoje por aplicativo.... Um enorme mercado de trabalho foi desfeito pela modernidade e questiona-se: para onde teria ido esse contingente de rapazes? Modernamente, eles são autônomos trabalhando com empresas de aplicativos de entregas, usando motos, bicicletas ou patinetes. Muitos funcionários de empresas que ficaram sem emprego ou pequenos empresários que viram seus negócios minguar, migraram para o trabalho de carros compartilhados vinculados a sistemas operacionais. Nestes serviços de demanda por apps estão trabalhando, no Brasil, mais de quatro milhões de pessoas. As donas de casas costureiras, que tinham na produção de roupas para suas clientes uma fonte de renda importante para o orçamento doméstico, não existem mais, bem como as donas de escolas de corte e costura, que em grande número eram encontradas até a década de 1960. Com a expansão do comércio de roupas prontas, elas migraram para as oficinas das indústrias de confecções. Na conscientização que o Mundo 4.0 está provocando, observamos a preocupação das empresas com o destino final das embalagens e dos produtos já utilizados pelos consumidores e que precisam ser descartados. Desenvolve-se hoje a logística reversa, que nada mais é do que reciclar todos esses materiais. Empresas estão sendo criadas para coletar, desmanchar os produtos, separar os materiais e revende-los no mercado. É um novo ramo que nasce tanto para empreendedores bem como para os trabalhadores. No ambiente criativo e dinâmico que o ser humano transita, espera-se que novas oportunidades de trabalho venham a ser criadas em substituição das que vão sendo desidratadas ou extintas.

A capacidade de adaptação do ser humano sempre foi posta à prova há milênios e, espera-se, não será diferente neste fantástico cenário que vai se desenhando no Mundo 4.0. Hoje, temos mais celulares do que seres humanos; mais de 70% da população mundial têm acesso à internet; na IoT, temos mais de 15 bilhões de coisas interligadas, e chegaremos, nos próximos anos, a 100 bilhões; cada pessoa tem, ao seu redor, de mil a cinco mil objetos potencialmente interligados. Contudo, até onde a nossa compreensão e capacidade de prever o futuro alcançam, as necessidades básicas do ser humano não se modificarão: precisamos nos alimentar, hidratar, ter um ambiente seguro e confortável para morar, dispor de equipamentos e materiais para nos auxiliar nas tarefas caseiras, móveis para atender nossas necessidades, além de aparelhos que nos tragam diversão e cultura. Esses produtos, que eram apanágio do desenvolvimento e supremacia tecnológica dos Estados Unidos nas décadas de 1950/1960 e que serviam de bandeira para a guerra ideológica que travavam contra o marxismo da União Soviética, são produzidos em todos os continentes, inclusive na gigante comunista República da China, que se tornou um dos líderes da economia mundial seguindo a cartilha capitalista pregada pelos americanos. Destarte, as indústrias voltadas para atender essas necessidades, hoje básicas, permanecerão atuantes. Com os desenvolvimentos tecnológicos visando aprimorar a qualidade, evitar perdas de produção que resultem em desperdícios de matérias primas e insumos, bem como o consumo desnecessário de energia, e aumentar a produção em escala planetária dos comuns e universais bens fabricados, os produtos eletroeletrônicos que caracterizavam o "The American Way of Life" terão preços muito mais acessíveis possibilitando atingir um maior número da população mundial, proporcionando maior conforto a todos.

Em um mundo globalizado que se industrializou muito rapidamente, é natural que distorções tenham sido cometidas pela inexperiência e pela falta de visão dos impactos sobre a natureza e o meio ambiente, tão caros para a sobrevivência de cada ser humano e de todos os agentes envolvidos: industriais, comerciantes, agricultores, governantes e a coletividade em geral. A sociedade, como um todo, foi enfrentando os acontecimentos, procurando se adaptar e organizar a nova realidade. Não teve, evidentemente, a mesma rapidez para reagir às agressões aos ecossistemas do que a velocidade que os fatos desenrolados ao longo desses dois séculos e meio impuseram. No Mundo 4.0, todos os agentes estão mais cônscios de suas responsabilidades de entendimento das transformações que vão acontecendo, procurando acompanhar a par e passo e, mesmo, se antecipar nas providências a serem executadas. Daí a importância das organizações setoriais criadas para discutir, analisar, estudar, em conjunto, a participação em sociedade, visando um controle sobre os impactos provocados, procurando controlar e eliminar seus efeitos nocivos. Um trabalho conjunto resulta na conscientização geral - voluntária ou, se necessário, imposta - da importância de um ambiente saudável de compliance, de relações humanas, de respeito ao trabalhador - parceiro importante na organização - de diálogo com as autoridades governamentais e da valorização do setor empresarial para o desenvolvimento do país.

O domínio do uso dos elétrons propiciou a oportunidade de entrada no mercado de milhares de jovens empreendedores no mundo todo, na febre de inventar e desenvolver novos produtos usando a nova tecnologia. Isso revolucionou o mundo dos negócios e permitiu um desenvolvimento de um mercado sem paralelo até então. O trabalho milenar dos artesões passou a ser substituído por empresários que desenvolviam a produção em escala de inovações que logo caíram nas graças de um mercado surpreso e encantado com os aparelhos que vieram ou para facilitar as tarefas penosas do dia a dia de uma casa ou para lhes trazer lazer e diversão. O trabalho braçal de manufaturar peça por peça foi substituído por máquinas que produziam centenas, milhares, de exemplares no mesmo tempo que o artífice levava para terminar uma unidade.

Os babyboomers das décadas de 1940/1950/1960 viram seus avós e pais começarem a usar os produtos e os confortos que a Segunda Revolução Industrial proporcionavam e facilitavam a vida de todos. Essa juventude foi responsável pelas grandes transformações sociais, culturais e econômicas que o mundo observou no período. Transitando pelos resquícios da Primeira Revolução - muitos viajaram em trens puxados pela romântica Maria Fumaça - para eles foram desenvolvidos e sofisticados os principais produtos 2.0, pois formaram um mercado enorme, com novos interesses e visões, ao mesmo tempo que esses rapazes e moças ingressavam no mercado de trabalho carente de mentes pensantes para operacionalizar e desenvolver as tecnologias que esse mesmo mercado exigia e consumia. Uma geração de modernos empreendedores e executivos desenvolveram-se e, lado a lado, levaram ao cume a industrialização e a comercialização dos produtos que caracterizavam o "The American Way of Life". Impulsionando as novas descobertas científicas, os babyboomers criaram o mundo 3.0, desenvolvendo hards e softwares que mudaram a concepção de sociedade e de negócios. Participaram ativamente para que se chegasse ao mundo 4.0, contudo entregando o bastão do desenvolvimento aos seus filhos e netos, que, por sua vez, estão extrapolando tudo que se imaginava e muitos, tal qual as gerações que iniciaram as revoluções industriais, estão criando milhares de startups, aplicando as modernas tecnologias, sendo que vários, rapidamente, estão se tornando o que se convencionou chamar de unicórnio: empresas que atingem o valor de mercado de um bilhão de dólares. Em razão do enorme crescimento da expectativa de vida do ser humano, fruto das conquistas das revoluções industriais, os sobreviventes babyboomers envelheceram em grande número, provocando uma verdadeira explosão do número de idosos. Essa geração, que, hoje, poderíamos denominar "oldboomers", estão desfrutando o privilégio de ter passado pelo ambiente de todas as revoluções industriais e de usufruir do conforto das inovações fantásticas que o mundo empresarial apresentou, apresenta e continua desenvolvendo.

A partir do estágio de compreensão da mente humana sobre o grande segredo do universo, o átomo, como o Senhor do Universo, e, em particular, o elétron, como o grande condutor da energia, o engenho e a arte do ser humano, ao dominar e aplicar, a seu benefício, as propriedades e utilidades desta minúscula partícula, mudou, em relativo pouco tempo, o panorama de sua existência e expectativas, inventando e produzindo bens para seu uso e conforto aqui na Terra, bem como para sua aventura espacial, em busca de outros mundos, cumprindo um sentimento atávico de coragem, arrojo, ousadia em descobrir novas possibilidades, novos ambientes, novas situações.

Em sua intrepidez, atrevimento e, talvez, temeridade, o homem está criando, com o uso do elétron, à sua imagem e semelhança, uma inteligência que irá pensar, refletir, sentir, agir e interagir por si própria, sem interferência ou, mesmo, controle humano, a qual poderá se posicionar em pé de igualdade com qualquer um de nós.

Nesse mundo novo, nossos corpos, controlados e desenvolvidos pelos átomos, funcionando pelas ações dos elétrons em toda sua extensão, irão competir com corpos produzidos por nós mesmos, seres humanos. Ou seriam crias dos próprios elétrons?

Esse livro foi impresso
pela Gráfica Rettec
em papel homen book 90g
em novembro de 2019.